101 Dinge, die man über Kreuzfahrten wissen muss

101 Dinge, die man über Kreuzfahrten wissen muss

Klaus Viedebantt

BRUCKMANN

Inhalt

Vorwort

Kreuzfahrtschiffe gleiten stets auf der Sonnenseite des Lebens entlang. Nicht nur im übertragenen, sondern vor allem im meteorologischen Sinn. Gewiss, auch auf See gibt es raues Wetter, aber die Kapitäne der Sonnenscheinflotte ändern in Front eines hässlichen Tiefs einfach den Kurs – wenn nicht die neue Route sehr viel länger und die Treibstoffrechnung somit sehr viel höher ist. Dieses Rundum-glücklich-Versprechen erklärt auch den enormen Erfolg des Cruise Business: 1999, als »Kreuzfahrt« schon längst kein Fremdwort mehr war in hiesigen Reisebüros, stachen rund 306 000 Deutsche in See. 2019 waren es bereits 2,94 Millionen.

Passagierin mit Corona-Maske

Doch dann der totale Absturz: Corona. Ganze Schiffe mussten mit Mann und Maus in Quarantäne, die prominentesten Reedereien waren betroffen. Weltweit wurden alle Fahrpläne Makulatur, reihenweise machten die Musikdampfer für Monate fest. Hektisch reagierten die Reeder, indem sie Sicherheit und Programme hochfuhren. Nach zwei existenzbedrohenden Jahren zeigte sich Licht am Horizont: 2022 gingen die Flotten – Schiff für Schiff – wieder auf große Fahrt und warben fortan mit »sicherem Urlaub«: Alle Passagiere mussten vor ihrem Törn eine »vollständige Impfung« nachweisen (mit oder ohne dritte Booster-Impfung). Die Schiffe wurden nur noch mit 60 bis 80 Prozent ihrer Kapazität gefüllt, in den Restaurants und Bars waren alle Stühle, auf den Decks alle Liegen auf Abstand gestellt. Zeitweise galt an Bord Maskenpflicht. Auch die Crews wurden in kurzen Abständen auf das Virus getestet. Und (wenn auch) zögerlich kehrten die Passagiere auf die Decks und die Schiffe auf die Sonnenseite des Globus zurück.

Ganz neu waren diese medizinischen Herausforderungen für die Branche nicht. Seit Langem kennen Schiffsärzte die sehr ansteckenden Norovirus-Infektionen, die leicht Hunderte von Passagieren mit Magen-Darm-Erkrankungen plagen können, was auch schon zum Abbruch einiger Reisen geführt hat. Aber Reeder, Kapitäne und Schiffsmediziner haben gelernt, dem Virus mit minutiösem Hygieneregime zu trotzen – mehr oder minder erfolgreich. Erfahrungen, die sich beim Einfall des Covid-Virus in die schö-

Abendruhe auf der *Disney Dream*: Bei Sonnenuntergang, kurz vor der Dinner-Zeit, ist das Promenadendeck oft menschenleer.

ne Welt des Cruising bewährt haben und wohl auch weiter bewähren werden. Und bei kleineren Malaisen hilft nicht zuletzt der Gang in die Bordbar, wo in jedem Fall ein »Doktor« (so der vielversprechende Name eines klassischen Cocktails) auf seine »Patienten« wartet.

Dieses Buch gibt einen kurzen Überblick zur Geschichte der Kreuzfahrt, stellt auch die Frauen und Männer vor, die auf ihren Arbeitsplätzen an Bord die Ferien auf See erst möglich machen, und beschreibt schließlich die weltweit wichtigsten Kreuzfahrt-Reviere. Das Angebot der Reedereien hat sich

in den letzten Jahrzehnten gemäß den Interessen der Passagiere aufgefächert, Musikreisen und kulinarische Touren sind zwei der hier vorgestellten Beispiele. Weitere Kapitel führen hinter die Kulissen der schwimmenden Urlaubsträume, streifen auch Widrigkeiten wie die Seekrankheit und informieren knapp über die Technik auf der Brücke und unter Deck.

Seeleute wünschen sich vor dem Ablegen »allzeit eine Handbreit Wasser unterm Kiel«. Für uns Kreuzfahrer möchte ich ergänzen: »Und immer einen Fingerbreit Single Malt Whisky im Glas.« Cheers! *Ihr Klaus Viedebantt*

Historie

1 Seit 1844: im Winter ab in den Süden!

Um das Jahr 1850 wurde Hamburg weltberühmt: Es entwickelte sich zum wichtigsten Hafen für annähernd sechs Millionen Auswanderer in die »Neue Welt«, nach Nordamerika. Sechs Wochen dauerte die Überfahrt unter Segeln, Dampfschiffe brauchten später nur noch zwei.

Alfred Ballin, der Generaldirektor der Hamburg-Amerikanischen Packetfahrt-Actien-Gesellschaft (Hapag), machte mit seiner damals weltgrößten Schifffahrtslinie zwischen Hamburg und New York klotzige Gewinne, nur im stürmischen Winter nicht. Also sann Ballin auf Abhilfe: 1891 schickte er seinen Schnelldampfer *Augusta Victoria* auf eine »Bildungs- und Vergnügungsfahrt« ins Mittelmeer. Der Versuch war ausgebucht, die Kreuzfahrt war geboren.

So zumindest sagen es die Hamburger. Die Briten sehen das ganz anders, sprich sich selbst als Erfinder der Kreuzfahrt. Nicht zu Unrecht, denn schon 1844 reisten Passagiere mit der englischen P&O Line »zum Vergnügen« ins Mittelmeer.

Mit der *Augusta Victoria* gingen am 22. Januar 1891 in Cuxhaven 241 Passagiere auf eine nahezu zweimonatige Reise. Erste Häfen waren

Die *Augusta Victoria* 1891 unter deutscher Flagge

Ornament über dem Eingang der Hapag-Lloyd-Zentrale in Hamburg

Southampton, Gibraltar und Genua. In Alexandria blieb das meist »Kaiserin« genannte Schiff fünf Tage, in Jaffa, Beirut und Konstantinopel (dem heutigen Istanbul) jeweils vier Tage – Zeiten, die für Ausflüge genutzt wurden, etwa nach Kairo zu den Pyramiden oder nach Jerusalem. Auf dem Rückweg wurden Piräus (Athen), Malta, Palermo, Neapel und Lissabon angelaufen, ehe kurz vor Cuxhaven in Southampton die dort zugestiegenen Briten das Schiff wieder verließen.

Wegen der guten Winternachfrage versuchte Ballin 1894 auch seine erste Sommer-Kreuzfahrt. Sie führte entlang der norwegischen Küste bis nach Spitzbergen. Eine neue, heute sehr gefragte Kreuzfahrt-Destination zierte fortan die Kataloge. 1896 lief die *Columbus*, ein Schwesterschiff der *Augusta Victoria*, zu einer »Vergnügungsreise« in die Karibik aus – heute ist es das weltweit wichtigste Kreuzfahrt-Revier.

Ein Königreich als Kreuzfahrt-Pionier

Wenn es um die erste Kreuzfahrt geht, kann auch Italien mitreden: 1833 stach die *Francesco I* in Neapel in See und fuhr nach Konstantinopel und zurück. Das zwei Jahre zuvor nahe Neapel erbaute Dampfschiff mit zwei Segelmasten (die für damals stattlichen 120-PS-Maschinen sorgten für flotte Fahrt) ging unter der Flagge des »Königreichs beider Sizilien«, einem Vorläufer des Staates Italien, auf den Törn. An Bord vergnügten sich drei Monate lang Prinzessinen, echter und Finanzadel.

Kreuzfahrt zum Ruhm

2 Vom Schiffslotsen zum Schriftsteller

Es war wahrscheinlich das ungewöhnlichste Kreuzfahrtschiff, das je auf große Fahrt ging: Die *Quaker City* hatte sich zuvor ihre Meriten als Kriegsschiff der Nordstaaten im Amerikanischen Bürgerkrieg erworben. Umgebaut startete der 70 Meter lange Seitenraddampfer 1867 in New York zu einer fünfeinhalb Monate langen »Vergnügungsreise« nach Europa und via Jaffa nach Jerusalem ins Heilige Land. »Pilgerreise« hätte wohl auch gepasst, denn es war eine überwiegend fromme und reiche Schar, die sich zu diesem von der P&O Line organisierten Törn versammelt hatte.

Ein junger Mann, der als Reporter mit auf Reisen ging, passte nicht ganz in diesen Kreis: Samuel Langhorne Clemens, ein strammer Zecher, der seit drei Jahren unter dem Namen »Mark Twain« schrieb. Damals kaum bekannt, sollte sich das nun ändern, denn die Artikel, die er von unterwegs an eine Zeitung in Kalifornien schickte, fanden großen Anklang. Twain machte 1869 daraus ein Buch: »The Innocents Abroad« (»Die Arglosen im Ausland«, 1875) hieß sein erster Bestseller, der den Autor zunächst in Amerika, dann weltweit berühmt machte.

Twain hielt wohl nicht viel von seinen rund 70 Mitreisenden. In einem privaten Brief schrieb er von »Psalmen singenden Rindern«. Aber auch um-

Mark Twains Quaker City im Sturm auf dem Atlantik

Mark Twain – vom Mississippi-Lotsen zum erfolgreichen Schriftsteller

gekehrt waren die Reisegefährten von ihrem schreibenden Begleiter nicht sonderlich angetan. Immerhin: Ein Passagier, Charles Langdon, stellte Twain seine Schwester Olivia vor – eine geziemende Zeit später wurde sie seine Ehefrau.

Apropos »Mark Twain«

Samuel Clemens, der ausgebildeter Mississippi-Lotse war, benutzte als Autor gleich mehrere Pseudonyme. »Mark Twain« bedeutete in der Lotsen-Fachsprache »Markierung zwei« auf der Schnur, mit der Matrosen die Wassertiefe unter dem Schiff maßen, die sie dem Steuermann zuriefen. Der Flussschiffer, der Clemens das Navigieren lehrte, unterschrieb kurze, sachliche Informationen für eine Zeitung mit »Mark Twain«.

Der erste Cruise Liner

3

Das kurze Luxusleben der *Prinzessin Victoria Luise*

Es war sozusagen ein Jahrhundertereignis: 1900 lief das erste nur für diesen Zweck gebaute Kreuzfahrtschiff vom Stapel: *Prinzessin Victoria Luise*. Der Hamburger Reeder Alfred Ballin hatte zuvor schon Hapag-Linienschiffe im Winter vom Atlantik abgezogen und auf Kreuzfahrt geschickt. Ein gutes Geschäft, deshalb ließ er ein neuartiges Schiff bauen, das sich allein diesem Vergnügen widmen sollte.

Es wurde ein eleganter Dampfer, eher einer Jacht ähnlich als den damaligen Passagierdampfern. Ballins Freund Kaiser Wilhelm II. war sehr angetan von dem Projekt und steuerte sogar Ideen zum Innenausbau bei. Und da Ballin das Schiff nach der Tochter des Monarchen nennen wollte, konnte er den Kaiser auch als Taufpaten gewinnen. Alles schien prächtig, nur am Rande merkte Wilhelm II. (angeblich doch etwa säuerlich) an, *Prinzessin Victoria Luise* sei länger als seine royale Jacht, die *Hohenzollern*.

Neuer Star der Meere

Das Luxusschiff, dem das einflussreiche US-Magazin »Scientific American« eine Titelseite widmete, hatte 120 Kabinen, jede mit Wohn- und Schlafraum, Bad und Toilette. Es gab eine Bibliothek, ein »Gymnasium« (Fitnessraum) und eine Dunkelkammer für fotografierende Passagiere. Die erste Kreuzfahrt führte nach New York und anschließend in die Karibik, das heutzutage bedeutendste Kreuzfahrt-Revier der Welt. Weitere Ziele waren das Mittel- und das Schwarze Meer. In der Karibik aller-

Erstes vs. größtes Kreuzfahrtschiff

	Prinzessin Victoria Luise	vs.	*Wonder oft the Seas*
Länge (m)	138		362
Breite (m)	14		66
Passagiere (max.)	192		6988
Crew	16		2394
Vermessung (BRT)	4409		235 600
Geschwindigkeit (kn)	15 (28 km/h)		25,1 (46 km/h)

Die elegante *Prinzessin Victoria Luise* – das erste Kreuzfahrtschiff …

dings, vor der Küste Jamaikas, lief die *Prinzessin* 1906 nach einem Fehler des Kapitäns auf einen Felsen. Es war ein Totalverlust. Alle Menschen an Bord konnten zwar gerettet werden, der Kapitän hatte sich jedoch bereits in seiner Kabine erschossen.

Wegen der großen Nachfrage nach Kreuzfahrten hatte die Reederei allerdings schon im Jahr zuvor den britischen Dampfer *Scot* gekauft, ließ ihn umbauen und schickte ihn anschließend als *Oceana* auf Kreuzfahrt. 1911 kehrte außerdem eine *Victoria Luise* zurück in die Kreuzfahrt: die viel größere vormalige *Deutschland*. Sie kreuzte bis zum Beginn des Ersten Weltkriegs. Und aus der Reederei Hapag ging später die heutige Luxus-Kreuzfahrtlinie Hapag-Lloyd hervor.

… im Vergleich zum größten

Eine Epoche

4

Vom Ocean Liner zum Cruise Liner

Abgebrannt, abgesoffen, abgewrackt … die glanzvolle Epoche der Transatlantik-Liner endete für viele dieser bewunderten Schiffe auf traurige Weise. Für einige der berühmten Dampfer gab es jedoch ein zweites Leben als Cruise Liner. Das bekannteste Beispiel war die elegante, treibstoffdurstige *France*, die von 1962 an die Route Le Havre–New York befuhr. Im Winter ging sie auch auf Kreuzfahrtkurs, finanziell reichte es aber trotzdem nicht. Deshalb waren bereits 1974 ihre Tage gezählt. 1979 erwarb der norwegische Reeder Knut Kloster (Norwegian Cruise Line/NCL) Frankreichs einstigen Stolz und

Die *France* nach ihrer Jungfernfahrt vor der Skyline von Manhattan

Lego-Modell der *Queen Mary 2* im Maritime Museum Hamburg

CUNARD

Die *QM2* im Hamburger Hafen, mit Großsegler und Museumsschiff *Cap San Diego*

ließ die nun auf *Norway* getaufte Luxusbarke mit dem blauen Rumpf für den US-Massenmarkt umbauen. Das Schiff wurde ein großer Erfolg – bis 1999 der Maschinenraum ausbrannte. Ein Jahr später übernahm die asiatische Star Cruises die NCL und setzte die *Norway* wieder in der Karibik ein. 2003 schließlich explodierte in Miami ein Kessel des Schiffs, was drei Jahre später zum Abwracken der »Blue Lady« führte.

Wirtschaftlich notwendig

Eine Reihe anderer Atlantik-Liner führte bereits Jahre zuvor dieses »Doppelleben« und wurde im Winter aus wirtschaftlichen Gründen für das Urlaubsgeschäft eingesetzt. Ein Beispiel ist die britische *Mauretania* von 1907, ein anderes ein Schiff gleichen Namens von 1939, die vorausschauend so gebaut worden war, dass sie zum Cruise Liner umgerüstet werden konnte. Auch die *America* (1940) kreuzte ab dem Jahr 1952 unter diversen Flaggen und Namen durch die Ferienreviere, bis

Heimlicher Heimathafen Hamburg

Als *Queen Mary 2* Anfang 2004 in Dienst ging, war es das größte und teuerste Passagierschiff aller Zeiten. Kein Wunder also, dass die Hamburger neugierig waren, als die *QM 2* einige Monate später in Hamburg einlief. Dennoch hatte niemand mit 500 000 Sehleuten nebst Verkehrschaos gerechnet. Seither ist das Schiff quasi adoptiert und Hamburg sein »inoffizieller Heimathafen« (offiziell sind es die Bermudas). Die *Queen* ist jährlich zu Gast bei den Hanseaten – und jedes Jahr versammeln sich immer noch Tausende am Elbufer und Hafenrand.

sie im Jahr 1994 im Sturm an der Küste von Fuerteventura ihr maritimes Leben beendete. Zur Nobelklasse gehörte nicht zuletzt die *Queen Elizabeth 2* (1969), die Cunard auf der Route Southampton–New York so lange einsetzte, bis Cunards *Queen Mary 2* 2004 fertiggestellt war und die sommerlichen Transatlantikfahrten übernahm. Seither erfreut *QE 2* nur noch Touristen.

Immer noch aktiv

Heute ist nur einer der Atlantik-Liner, die zum Cruise Liner wurden, noch im Einsatz: die *Astoria*, die 1946 als *Stockholm* erstmals auf große Fahrt ging. 1956 stieß sie vor der US-Insel Nantucket mit dem doppelt so großen Atlantik-Liner *Andrea Doria* zusammen. Während das italienische Schiff sank, konnte die *Stockholm* mit zerstörtem Bug zurück nach New York fahren. Später wurde sie zum Cruise Liner umgebaut und schipperte unter zahlreichen Namen und Flaggen durch die Urlaubswelt.

Ferien mit der Partei

5

Die Kreuzfahrt-Flotten der Nazis und der DDR

Mit *Panem et circenses* – Brot und Spielen – hielt schon das alte Rom die Bürger ruhig. Das wissen alle Diktatoren. Und wo wären Futter und Vergnügen besser vereint als auf Kreuzfahrten? Deshalb unterhielten die Nazis ebenso wie die DDR Kreuzfahrt-Flotten. Das NS-Regime hatte mit seiner Freizeitorganisation »Kraft durch Freude« (KdF) bis zu sieben Schiffe im Dienst. Vier stellten den Kern der Flotte: *Dresden* (ab 1934), *Der Deutsche* (1935), *Wilhelm Gustloff* (1938) und *Robert Ley* (1939). Die *Dresden* lief gleich im ersten

Sonnenbad auf dem DDR-Urlaubsschiff *Fritz Heckert*

Jahr unter KdF-Flagge vor Norwegen auf Grund; das Wrack ist heute Ziel vieler Taucher. *Der Deutsche* wurde 1945 von einer Bombe getroffen und beim Feuerschiff *Fehmarnbelt* auf Grund gesetzt. Ebenfalls 1945 wurde die mit Flüchtlingen überfüllte *Wilhelm Gustloff* torpediert und sank mit 9343 Menschen in der Ostsee – die größte Schiffskatastrophe der Welt. Knapp zwei Monate später brannte die *Robert Ley* nach Bombentreffer im Hamburger Hafen aus.

Oben: Bau der *Fritz Heckert* 1960 in Wismar
Unten: Die *Ivan Franko* lief 1963 vom Stapel.

Belohnung für die Arbeiterklasse

Die DDR schickte von 1960 bis 1990 insgesamt drei Kreuzfahrtschiffe auf See – zur »Erholung der Werktätigen«. Von den fast 300 000 Bürgern, die Tickets für eine Reise ergattern konnten, gehörten allerdings nur wenige zur »Arbeiterklasse«. Die Passagiere und Crew-Mitglieder kamen nur nach Stasi-Check an Bord, und die Staatssicherheit reiste auch immer mit. Politbüro & Co. hatten schließlich Angst vor »Republikflüchtigen« – gut 200 Personen gelang dennoch die maritime Flucht.

Das erste Schiff, die 1960 in Wismar gebaute *Fritz Heckert*, war technisch außergewöhnlich: Neben den Dieselmotoren gab es auch eine Gasturbine, damals einzigartig auf See. Sie bildete eines der vielen baulichen Probleme des Dampfers, weshalb der einzige in der DDR gebaute Cruise Liner schon 1972 wieder außer Dienst gestellt wurde. Parallel zu diesem Schiff hatte die DDR 1960 ein anderes gekauft, die vormalige *Stockholm* (s. S. 19 und 173).

Aus Gründen der »Völkerfreundschaft« war sie in der sozialistischen Welt unterwegs und wurde 1985 verkauft. Die *Arkona* entstand 1981 als *Astor* in Hamburg. Über einen politischen Umweg kam sie 1985 zur DDR und blieb bis zu deren Ende. Alle drei Schiffe machten Millionenverluste.

Rekorde

6 Schwimmende Kleinstädte

Die einst als »Musikdampfer« verspotteten Kreuzfahrtschiffe sind heute ein lukratives Geschäft, die Branche hat sich vor allem in den letzten Jahrzehnten an gigantische Ziffern gewöhnt. Im Folgenden lesen Sie ein paar davon …

- Die Zahl der Passagiere summiert sich auf nahezu 30 Millionen. Den mit Abstand größten Anteil daran haben die Amerikaner. Der deutsche Markt, der drittgrößte nach China, trägt mit rund 2,3 Millionen Reisenden und mindestens vier Milliarden Euro dazu bei.
- Allein das weltweit größte Kreuzfahrt-Unternehmen, Carnival, hat im Jahr 2019 (noch vor der Corona-Pandemie) umgerechnet gut 20,8 Milliarden Euro eingenommen. (Alle bisher genannten Zahlen tendieren nach Corona wieder nach oben.)

- Derzeit sind gut 310 neue Kreuzfahrtschiffe auf den Weltmeeren unterwegs. Davon liefen allein 2020 weltweit 37 Neubauten vom Stapel, darunter zwölf Mega-Liner für mehr als 4000 Passagiere.
- Zwei solcher maritimer Riesen lässt Royal Caribbean bauen – sie werden etwas größer sein als die *Symphony of the Seas* und ihre drei Schwesterschiffe, die an der Spitze der Liste der größten Cruise Liner rangieren. Den fünften Platz nimmt die deutsche *AIDAnova* ein mit 183 858 BRZ und Platz für 6600 Reisende.
- Wird es noch größere Kreuzfahrtschiffe geben als die »königlich-karibischen« Riesen aus Miami? Gewiss! Der nach Passagierzahl nächste Rekordhalter ist (einschließlich eines Schwesterschiffs) trotz Reederei-Pleite auf den MV-Werften in Mecklenburg-Vorpommern bereits im Bau: Die *Global Dream* (204 000 BRZ) soll noch fertiggestellt werden und mit bis zu 9500 Passagieren auf Jungfernfahrt gehen.

Die riesige *Symphony of the Seas* 2019 an der Costa del Sol

Unglücke

7

Albtraum statt Traumschiff

Schiffsunfälle sind dank elektronischer Sicherheitssysteme heute deutlich seltener geworden als früher – und vor allem kann die große Mehrzahl der Menschen an Bord in der Regel gerettet werden. Das glückte – damals noch ohne digitale Hilfe – auch 1906 beim ersten Kreuzfahrt-Unglück der Geschichte: dem Ende der Hamburger *Prinzessin Victoria Luise.*

Fast 80 Jahre vergingen, ehe erneut ein Cruise Liner in Seenot geriet: 1986 lief die russische *Mikhail Lermontov* in Neuseeland wegen eines Lotsenfehlers auf Grund. Alle Menschen kamen heil an Land, das Schiff der Baltischen Reederei ging hingegen unter.

1989 gab es ein weiteres Unglück eines russischen Schiffs: Die *Maxim Gorkiy* drohte im Treibeis vor Spitzbergen zu sinken. Doch es ging gut aus – Passagiere, Crew und sogar das Schiff konnten gerettet werden. Der in Deutschland gebaute Cruiser war im Jahr 1969 als *Hamburg* auf Kreuzfahrt-Jungfernreise gegangen. Als *Maxim Gorkiy* fuhr das später russische Schiff lange für Phoenix Reisen in Bonn. 1989 diente die *Gorkiy* vor Malta als Ort für ein Treffen der Präsidenten Gorbatschow und George Bush. 2009 wurde sie abgewrackt.

Zwei Jahre später, im August 1991, ging die griechische *Oceanos* nach einer Explosion im Maschinenraum vor Südafrika verloren. Ein Brand der Maschine besiegelte 1994 vor dem Horn von Afrika auch das Schicksal der italienischen *Achille Lauro.* In beiden Fällen wurden fast alle Menschen gerettet, beide Schiffe gingen unter. Die Achille Lauro war bereits 1985 weltweit bekannt geworden, als bewaffnete Palästinenser das Schiff entführt und einen Passagier im Rollstuhl ermordet hatten.

2007 verschlang die See erneut zwei Schiffe: Im April traf es die griechische *Sea Diamond,* die vor Santorin auf ein Riff lief und sank, im November

Drei Leben

Der Bordmusiker Moss Hills überlebte 1991 gleich zwei Schiffskatastrophen. Auf der Oceanos übernahm er mit Entertainment-Kollegen sogar die Rettungsaktion für Passagiere und Mannschaft, nachdem sich die Schiffsführung vorzeitig abgesetzt hatte, um die eigene Haut zu retten.

Die havarierte *Costa Concordia* 2012 vor der Insel Giglio

die kanadische *MV Explorer*, die unweit der South Shetland Islands in der Antarktis mit hartem Eis kollidierte und unterging. Auch in diesen Fällen gab es glücklicherweise keine Opfer.

Noch gut in Erinnerung ist vielen sicherlich die italienische *Costa Concordia*, die 2012 aufgrund eines Kapitänsfehlers auf einen Felsen der Adria-Insel Giglio lief. 32 Menschen kamen ums Leben. Das damals größte Schiff Italiens war mit 4229 Personen unterwegs gewesen. Gut zwei Jahre später wurde das Wrack abgeschleppt und verschrottet und Kapitän Schettino später zu 16 Jahren Haft verurteilt.

Mayday!

Geschichte eines Notrufs

8

Als Cunards *Slavonia* im Juni 1906 nahe der Azoreninsel Flores auf Grund lief, sendete der Passagier- und Frachtdampfer neben dem in angelsächsischen Ländern etablierten Notsignal CQD als erstes Schiff auch das neue Signal SOS. Alle Menschen an Bord und sogar ein Teil der Ladung konnten gerettet werden, das Schiff hingegen war ein Totalverlust.

Das CQD-Signal hatte die Marconi Company, der Funkpionier auf See, eingeführt. SOS, ein einfaches und prägnantes Morsezeichen (dreimal kurz, dreimal lang, dreimal kurz), wurde schon seit 1904 auf deutschen Schiffen als gültiges Notsignal genutzt. Doch vielleicht war dessen Erfolg beim Untergang der *Slavonia* nur wenige Wochen vor der Internationalen Funkkonferenz der Grund dafür, dass sich die Konferenz in Berlin im Oktober 1906 für SOS als weltweiten Notruf auf See einigte – im Übrigen eine Buchstabenkombination, die keine Bedeutung hatte. Erst später wurde umgangssprachlich »Save Our Souls« (Rettet unsere Seelen) dazuerfunden.

Funkgeräte sind an Bord die wichtigsten Helfer der Crew.

Mittlerweile ist SOS zwar weithin populär, aber auf See ausrangiert. Der technische Fortschritt hat aus der Telegraphie à la Marconi den Sprechfunk gemacht. Für ihn wurde das Notsignalwort »Mayday« entwickelt. Zugrunde liegt das weltweite Seenot- und Sicherheits-Funksystem GMDSS (Global Maritime Distress and Safety System). Es ist heute Standard auf der Brücke moderner Cruise Liner – meist via Satellit. Und mehr noch: Im Fall einer Havarie sendet das Schiff automatisch Hilferufe in den Äther, einschließlich Kennzeichen des jeweiligen Schiffs, Infos zum Unfall und vor allen die präzise Lage des Havaristen. Doch wieso wird die Bezeichnung »Maientag« für ein Desaster verwendet? Weil die Übersetzung falsch ist. Das Signalwort stammt nicht aus dem Englischen, sondern ist eine verballhornte Version des französischen *m'aidez*, was so viel wie »helft mir« bedeutet.

Funkerkabine auf einem Atlantikschiff etwa zur Zeit der *Titanic*

Seit Jahrhunderten bei Katastrophen auf See bewährt: der Rettungsring

Die größten Reedereien

9

Carnival, Costa, Cunard & Co.

Bis Ende der 1960er- und Anfang der 1970er-Jahre war der internationale Kreuzfahrt-Markt geprägt von kleineren Reedereien. Dann allerdings erkannten weitblickende Investoren in den USA und in Norwegen die wirtschaftlichen Chancen dieser Tourismusbranche und legten die Grundlagen für das heutige Bild: Vier Konzerne teilen sich den größten Teil des nunmehr milliardenschweren Geschäfts: die mit Abstand führende Carnival Corporation, die Royal Caribbean Cruises (beide mit Hauptsitz in Miami), Star Cruises in Hongkong und MSC Cruises in Genf. Zu den beiden größten Firmen gehören auch die größten deutschen Kreuzfahrt-Reedereien: AIDA ist eine hundertprozentige Tochter von Carnival. TUI Cruises gehört jeweils zur Hälfte der TUI und Royal Caribbean. Unabhängig von diesem amerikanischen Partner ist TUI Cruises auch Besitzer der deutschen Nobelmarke Hapag-Lloyd Cruises.

Das Hauptquartier der größten Kreuzfahrtreederei der Welt in Florida

Vier Konzerne und ihre wichtigsten Töchter

Carnival: AIDA Cruises, Carnival Cruise Line, Costa Crociere, Cunard Line, Holland-America Line, P&O Cruises, P&O Cruises Australia, Princess Cruises, Seabourn Cruise Line

Royal Caribbean: Azamara Club Cruises, Celebrity Cruises, Pullmantur, Royal Caribbean International, TUI Cruises (50 Prozent), Silversea Cruises (66,7 Prozent)

Star Cruises: Star Cruises, Norwegian Cruise Line (inkl. Oceania Cruises und Regent Seven Seas Cruises), NCL America (*Pride of America*, US-Flagge, Heimathafen Honolulu)

MSC: alle Schiffe laufen unter der MSC-Flagge

Ein Matrosenhemd verpflichtet: Donald Duck nebst Neffen im Einsatz am Heck der *Disney Wonder.*

Große deutsche Hochsee-Reedereien

Hapag-Lloyd Cruises besitzt fünf Kreuzfahrtschiffe. Das Unternehmen mit den Firmenfarben Blau und Orange gehört zu TUI Cruises.

Phoenix Reisen (Firmenfarbe Türkis) bereedert vier Hochseeschiffe. Der Bonner Reiseveranstalter hat ein überwiegend deutschsprachiges Publikum und **ist weltweit aktiv.**

Mit Mickey aufs Meer

Auch das Disney-Imperium erkannte früh die Chancen des Kreuzfahrtgeschäfts und begann 1985 eine Partnerschaft mit einer später verblichenen Cruise Line in Port Canaveral nahe »Disney World« in Orlando, Florida. Als der Mickey-Konzern, der es gut versteht, »Mäuse zu machen«, 1993 bei Carnival und Royal Caribbean neue Partner suchte, winkten die Cruise-Giganten ab. Disney beschloss daraufhin, eigene Schiffe für Familienurlauber zu bauen. Fünf sind inzwischen weltweit unterwegs. Die Schiffe, auf denen Donald & Co. herumwuseln, haben streng getrennte Bereiche für Kids, Teens und Erwachsene. Alle drei Gruppen schätzen es erfahrungsgemäß gleichermaßen, zumindest zeitweise unter sich zu sein.

Der Kreuzfahrt-Kapitän

Brückengott und Entertainer

10

Ein echter Nick Bates: »Es gibt drei Arten von Kapitänen auf dieser Welt: Die, die zählen können, und die, die es nicht können.« Kapitän Bates war viele Jahre Master großer Kreuzfahrschiffe wie der *Queen Elizabeth* oder *Queen Mary 2* – für Sprüche wie diesen sind er und sein irischer Humor bekannt.

Er ist Angehöriger einer Kaste, die auf See fast uneingeschränkte Autorität hat, aber auch eine gewaltige Last trägt: Der Captain ist schlicht für alles verantwortlich. Und wenn er ein Kreuzfahrtschiff führt, ist er überdies ein von Passagieren – speziell weiblichen – bewunderter Monarch (oder sie ist eine Monarchin – bei AIDA hat die erste und bislang einzige deutsche »Frau Kapitän« das Sagen). Kapitäne sind gut ausgebildete Spezialisten (hierzulande meist per Fachhochschule) und nicht nur in Navigation, sondern auch in Mathematik, Physik, Wetterkunde und Seerecht bewandert. Überdies müssen sie gute Unterhalter sein, ihre Gäste bei Smalltalk und Deckparty erfreuen und nicht zuletzt bei der Abschiedsrede mit Witz und einer Prise Pathos gute Erinnerungen schaffen.

Keep smiling: Der Käpt'n ist auf See das Top-Model.

Commodore R. W. Warwick war ein legendärer Skipper der *Queen Mary 2.*

Für den prestigereichen Titel, der auch abseits von See- und Luftfahrt gern genutzt wird (»Industriekapitän«), haben die alten Griechen, Römer und Byzantiner gesorgt: Militärführer nannten sie *capitaneus* vom Lateinischen *caput*, das Haupt. Als in späteren Zeiten Handelsschiffe bewaffnet wurden, übertrug sich der Name auf die Navigatoren, im Militär blieb der Titel auch abseits der Küste erhalten. Ein Captain entspricht etwa einem Hauptmann. Einen andereren militärischen Titel – »Commodore« – hatte Cunard in die Welt der Cruise Liner übertragen: Bis 2018 war ein Cunard-Kapitän als Commodore quasi der Flottenchef der drei »Königinnen«, *Queen Mary 2, Queen Elizabeth* und *Queen Victoria.* Ein viertes Schiff ist zwar in Vorbereitung, dennoch wird es wohl keinen Commodore mehr geben. Wieder ein Stück maritimer Tradition weniger ...

Promille aus dem Computer

Neben dem Kapitän gibt es auf großen Cruise Linern auch einen sogenannten »Staff Captain«. Er zeichnet verantwortlich für die Crew sowie für Sicherheit und Sauberkeit an Bord. Als vor Jahren eine Story über die *Europa* in der »Zeit« erschien, wurde auch der damalige Staff Captain erwähnt – ein sehr seriöser Vertreter seiner Zunft, der bald darauf zum Kapitän befördert wurde. Ausgerechnet aus ihm machte der Computer, der alle Artikel im »Zeit«-Archiv digitalisierte, anschließend einen »Suff Captain« ... inzwischen ist es korrigiert. Sorry, Captain!

Der Offizier

11

Spitzname »Streifenhörnchen«

Ihren – meist freundlich gemeinten – Spitznamen hören die Offiziere an Bord nicht allzu gerne: »Streifenhörnchen«. Dabei sind die goldenen oder – für Hotel und Touristik – silbernen Streifen am Ärmel (und als Schulterklappen auf Hemden) doch wohlverdiente Rangabzeichen. Je nach Reederei etwas unterschiedlich, gilt als Faustregel:

- Vier Streifen hat der Kapitän.
- Drei breite und einen schmalen Streifen haben Staff Captain, Chefingenieur (»Chief«) und Hotelmanager/Wirtschaftsdirektor.
- Drei Streifen tragen der erste Offizier, der meist auch der »Safety« ist und die Sicherheitsübungen (»Schwimmwesten-Ballett«) zu Beginn der Reise leitet. Er nimmt auch jedes Training der Mannschaft ab.
- Der Zahlmeister (»Chief Purser«) und der Entertainment-Manager besitzen drei oder zweieinhalb Streifen.
- Der Restaurant-Manager und der Bar-Manager sind an anderthalb Streifen erkennbar,

Offiziersränge: Die Zahl der Streifen macht den Unterschied.

- die Hausdame, die Touristikleiterin und der Security-Leiter an einem Streifen.
- Der Küchenmeister (»Chef«) schließlich, der zu Beginn und am Ende mit den Offizieren auftritt, ist selbstverständlich an seiner blütenweißen Arbeitskleidung erkennbar.

Abzeichen und Farben

Oft werden die Ärmelstreifen mit Abzeichen ergänzt, etwa mit Sternen für alle Brückenoffiziere, die jeweils zwei Streifen tragen. Zu den Streifen des Chefingenieurs gesellt sich gerne ein Zahnrad, zu denen des Hoteldirektors ein Merkurstab. Den Schiffsarzt ziert hingegen ein Äskulapstab.

Alle Offiziere haben dunkelblaue und weiße Uniformen, Letztere vornehmlich für Törns in südlichen Gefilden. Welche Farbe jeweils getragen wird, entscheidet der Kapitän. In der Regel wechseln alle, wenn nicht gerade eine Poolparty ansteht, abends von Weiß in Blau.

Die Offiziere haben Zugang zur Offiziersmesse und zu allen Räumen des Passagierbereichs, die oberen Ränge dürfen auch die Restaurants für die Gäste nutzen. Letzteres ist gerne gesehen, wenn sie mit Stammgästen dinieren. Auch deren Kabinen sind je nach Rang größer und besser ausgestattet als die der Crew, die meist in Doppelkabinen untergebracht ist.

Meeting der *QM-2*-Hotelabteilung: Was liegt heute an?

Der Chief

Herrscher der »Maschine«

12

Am 22. Februar 2001 war die *Bremen* dem Untergang im Südatlantik ganz nah. Eine Monsterwelle hatte Hapag-Lloyds Expeditionsschiff auf dem Rückweg aus der Antarktis angegriffen, Brückenfenster eingeschlagen und alle Geräte überschwemmt. Der kleine Cruise Liner trieb mit 40 Grad Schlagseite manövrierunfähig in der rauen See. Nur ein Hilfsdiesel sorgte noch für Notbeleuchtung, der zweite war zur Wartung zerlegt. Das Schiff brauchte dringend Elektrizität, um seine Systeme wieder in Gang setzen zu können. Es gab nur eine Chance: Der Chief und sein Team mussten inmitten dieses rollenden und schwankenden Chaos das zerteilte Aggregat wieder zusammensetzen. Chefingenieur Reinhard Fisch und seinen Mannen gelang das nahezu Unmögliche, die *Bremen* war gerettet.

Die Ingenieure und Mechaniker im Bauch der Kreuzfahrer sind für die Passagiere selten sichtbar, es sei denn, sie reparieren das klemmende Dach des Pools oder machen die Toilette in einer Kabine wieder gangbar. Ihr Zuhause ist der Maschinenraum, wo es längst nicht mehr nur um Kolben und Wellen geht. Heutzutage müssen sie auch die inzwischen allgegenwärtige Elektronik beherrschen und gleichzeitig Starkstrom-Fachleute und Umwelt-Experten sein.

Entsprechend aufwendig ist die Ausbildung, die mindestens Hauptschul-, besser aber noch Fachhochschulreife voraussetzt. Drei bis fünf Jahre lang müssen Theorie gebüffelt und an Bord die Praxis erlernt werden. Angesichts ständiger Neuerungen in der digitalen Seefahrt ist auch Fortbildung ein Dauerthema. Und dennoch gibt es auf See immer wieder Situationen, die kein Lehrbuch kennt. Dann beweist die »Maschine«, wie die Technikcrew von den Kollegen oft pauschal genannt wird, verlässlich eine ganz besondere Fähigkeit: die Kunst der Improvisation.

Das Kontrollfeld eines Cruiseliners wird stets von mindestens einem Techniker überwacht.

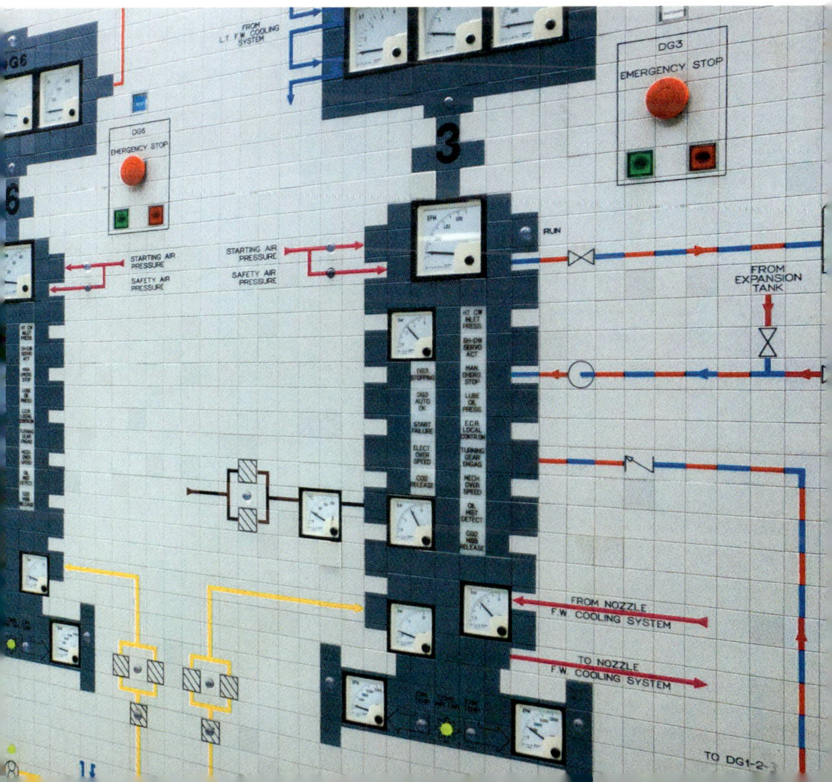

Der Wirtschaftsdirektor

13

Hotman's großes Reich

Auf allen Kreuzfahrtschiffen ist der Hotelbereich mit Abstand der größte. Entsprechend wichtig ist der Hotelmanager, im Bordslang kurz »Hotman« genannt. Er verantwortet alles, was nicht Navigation oder Maschine ist – also Restaurants und Bars, Einkauf und Proviant, Kabinen und öffentliche Räume, Zahlmeisterei und Rezeption. Meist gehören auch alle weiteren Dienstleistungen dazu: Touristik, Entertainment, Spa und Fitness, Läden, Friseur, Florist und Druckerei, um nur einige zu nennen. Selbst Geistliche, so sie denn an Bord sind, stehen unter der Obhut des Hotman.

Auf kleineren Kreuzfahrtschiffen laufen all diese Fäden noch beim Hotelmanager zusammen, der neben seinen Sektionsleitern aber auch einen oder zwei persönliche Assistenten hat. Auf den Megaschiffen reicht das längst nicht mehr aus, sodass der Stab um den Hotman seit Jahren gewachsen ist. Dabei hat sich eine noch relativ neue Position entwickelt: der (stets englisch ausgesprochene) General Manager.

Hotwoman Barbara Wussow am Traumschiff-Empfang

Herzlich willkommen auf der *Costa Luminosa*.

Professionalisierung an Bord

Die meisten Männer in dieser Position (Frauen sind noch selten) kommen aus der Hotellerie. Oft wollten sie nur ein, zwei abenteuerliche Jahre in der weiten Welt verbringen, doch dann hat sie die »Magie des Ozeans« gefangen, wie es ein Hotelmanager kurz vor seiner Pensionierung formulierte. Gelernt haben sie ihr Gewerbe ursprünglich vor allem durch *learning by doing*. Aber auch hier hat inzwischen die Professionalisierung Einkehr gehalten. Deutschlands größte Urlaubs-Reederei, AIDA, hat gemeinsam mit einer Fachschule in Frankfurt den zweijährigen Diplomkurs »Hotel Executive« auf die Chefposition an Bord akzentuiert. Nachwuchskräfte, die sich auf ihren Schiffen bewährt haben, werden zum Studium eingeladen und finanziell unterstützt.

Mediales Vorbild

Übrigens hat inzwischen auch das TV-Traumschiff einen Hotman, oder vielmehr (viel progressiver!) eine Hotwoman. Nachdem die ewige Chefhostess Beatrice (Heide Keller) abgemustert wurde, stieg Barbara Wussow zu – als Hoteldirektorin Hanna Liebhold (wer denkt sich solche Namen aus?) mit mehr Streifen am Ärmel als ihre Vorgängerin. Als Rollenmodell muss sie sich um alles kümmen. Das wird die richtigen Hoteldirektoren zur See, gleich welchen Geschlechts, gewiss freuen: Jeder Passagier wird sich nun entsprechend tele-instruiert mit seinen Problemchen gleich an die Nummer drei an Bord wenden …

Der Chef

14 Genuss auf Französisch: Souschef, Maître d'Sommelier

Es war einmal … ein Abend auf einem Nobelschiff. Ein Dinner, zu dem eine humorbegabte Dame, ein Stammgast, wie gewohnt mit Freunden zusammensaß. Als sie bestellen wollte, empfahl ihr der Stewart ein Gericht, das der Chef speziell für sie zubereiten wollte: »Kalbshaxe Florida«. Sie wehrte freundlich ab, aber »ihr« Stewart blieb hartnäckig – mit Erfolg. Die Speise wurde aufgetragen, und ehe die lukullisch Geehrte etwas essen konnte, kam die Frage: »Schmeckt's?« In steter Folge traten Sommelier und Maître d' an und schließlich auch der Küchenchef, allesamt mit Variationen dieses »Schmeckt's?«. Doch die Dame hatte gemerkt, dass Schabernack mit ihr getrieben wurde, und fragte, was denn das alles solle? »Loriot«, rief jener ihrer Freunde, der sich die Szene mit dem Kapitän ausgeheckt hatte. Natürlich erinnerte sich die Dame an den berühmten Sketch des genialen Viktor von Bülow alias Loriot – und lachte herzlich.

Köche im Gespräch mit einem Passagier auf der *MS Deutschland*

So zumindest wurde uns die Szene geschildert, als wir später an Bord kamen. Der Abend ist inzwischen Teil der Bordfolklore. Und uns gibt er die Möglichkeit, einige Spitzenkräfte des kulinarischen Teams vorzustellen (in der Reihenfolge ihres Auftritts: Der Stewart ist die maritime Version des Kellners, der Sommelier und Getränkekellner oft ein exzellenter Weinkenner. Schließlich der weltgewandte Maitre d', der das Restaurant leitet und unauffällig den Service dirigiert. Der merkwürdige Name ist die nicht nur auf See übliche Verkürzung des französischen Maître d'hôtel. Schließlich »der Chef«, kurz für Chef de Cuisine; als Monarch in der Küche wird er flankiert vom Souschef, seinem Stellvertreter, dem Patissier fürs Süße, dem Gardemanger für Kaltspeisen und all den anderen spezialisierten Köchen. All diese Positionen haben längst auch Frauen inne. Manch einer oder eine von ihnen hat gewiss auch ein Rezept für »Kalbshaxe Florida«.

Die Vorbereitung für den Kaffee am Nachmittag

Jean-Marie Zimmermann, Chef auf der *QM 2* (links), prüft die Arbeit seiner Köche.

Food & Beverage

15 Tonnenweise Proviant

Großkampftag in Singapur. Ausgangssperre für alle, die unter Deck in den Laderäumen arbeiten: Der Container kommt! Und der kommt für diese Reederei immer aus Hamburg, randvoll mit Lebensmitteln, Büromaterial, Toilettenpapier – mit allem, was für den Bordalltag gebraucht wird. Jedermann, vom Food & Beverage Manager (Proviantdirektor) bis zum Lagerarbeiter, packt mit an, weil die mächtige Blechkiste am Kai schnell entladen werden muss. Unter Deck werden die Kartons dann nach ausgefeilter Logistik verstaut: Fleisch, Fisch und Eiscreme in den Gefrierräumen, Molkereiprodukte, Gemüse und anderes in den Kühlräumen. In normal temperierten Lagerräumen liegen die meisten Getränke, Kartoffeln, Nudeln und Reis … viel Reis, denn ein Großteil der Crew kommt aus Asien.

Ein Lagerraum für »dry goods« (verpackte Lebensmittel). Weitere bergen Frischwaren und Getränke

Eine Frage von Quantität und Qualität

Doch warum werden die Lebensmittel aufwendig und teuer aus Hamburg geliefert? Warum reisen Bananen von Costa Rica an die Elbe und dann weiter nach Singapur, obwohl die leckeren Früchte quasi nebenan in Malaysia wachsen? Die Antwort ist simpel: weil die Ware örtlich meist nicht in der notwendigen Menge und Qualität erhältlich ist. Darüber hinaus sollen keine exotischen Keime als »blinde Passagiere« auf das Schiff gelangen. Auf kleineren Schiffen kauft der Smutje – bisweilen sogar gemeinsam mit ein paar Gästen – auf dem Markt hin und wieder aber auch einen großen Fisch oder ein reifes Bananenbüschel ein.

MSC hat für seine *Seaview* (6744 Passagiere plus Crew) einmal den Lebensmittelverbrauch für eine einwöchige Tour erfasst: Die rund 150 Köche verarbeiten gut 50 Tonnen Gemüse und Obst, 9,3 Tonnen Fleisch, sieben Tonnen Fisch und Meeresfrüchte. Und 5,1 Tonnen Mehl, 2,6 Tonnen Käse und 1,9 Tonnen Tomatensauce werden zu einem Gutteil zu Pasta und Pizza auf dem italienischen Schiff.

Alles, was Passagiere brauchen, wird – genau terminiert wie hier in Vancouver – weltweit in Containern aus dem Heimathafen angeliefert.

Kreuzfahrt à la carte

Unter Sammlern von Speisekarten werden jene von Schiffen besonders geschätzt, weil sie zugleich kulinarische wie maritime Souvenirs sind. Eine der naturgemäß wenigen *menu cards* der *Titanic* (zum letzten Mittagessen am 14. April 1912) wurde im Jahr 2015 in New York für umgerechnet 78 000 Euro versteigert. Cruise Liner sind auch auf diesem Markt die Nachfolger der Ocean Liner. Im Internet werden viele der oft schön gestalteten Speisekarten von Urlaubsdampfern angeboten … natürlich zu kleineren Preisen, versteht sich.

Ausflüge

16

Land in Sicht!

»Lollipops« – so nennt die Touristikabteilung an Bord die Schilder mit dem Namen des Schiffes sowie weithin lesbaren Zahlen: den Busnummern der Gruppen, in denen die Passagiere zu Landausflügen aufbrechen. Diese Lollipops schweben dann über den Häuptern, wenn zeitgleich mehrere Schiffe ihre Kohorten in die Altstadt von Dubrovnik, auf Athens Akropolis oder in den Bazar von Muscat führen. Busbegleitung – eine der Aufgaben der Touristikerinnen (in diesem Metier sind Männer selten). Und an Seetagen hat die Truppe Schalterdienst: Ausflugsbuchungen für die nächsten Häfen, Organisation individueller Ausflüge, Auskünfte zu den nächsten Zielen und Standardfragen nach Trinkgeldern und Toilettenstopps beantworten.

Die Exkursionen werden schon bei der Planung einer Kreuzfahrt bei den örtlichen Agenturen – oft langjährige Partner – eingekauft. Deutsche Reede-

Keine Kreuzfahrt ohne Ausflüge – hier eine Exkursion durch Koblenz

Immer gut gebucht sind in Athen die Ausflüge zur Akropolis.

reien fordern meist deutschsprachige Reiseleiter; das können auch Einheimische sein, deren Qualifikation ihre Jahrzehnte zurückliegende Auswanderung aus Europa ist.

Die Ausflüge bilden einen gewichtigen Posten in der Kalkulation der Reeder (und auf der Abschlussrechnung vieler Passagiere): Nach den Getränkeeinnahmen sind die Ausflugstickets die zweitgrößte Einnahmequelle auf See, abgesehen von den Glücksspiel-Umsätzen auf Schiffen mit Spielcasinos.

Das gute Geschäft mit den Sehenswürdigkeiten lockt natürlich auch andere: In Amerika und Großbritannien buhlen via Internet freie Tourenanbieter um die Seereisenden, meist mit günstigeren Preisen als an Bord. Zentral ist bei diesen Angeboten die Garantie, dass alle Ausflüge rechtzeitig vor Ablegen des Schiffes zurück im Hafen sind, andernfalls werden die Kosten für die Nachreise zum nächsten Hafen mehr oder minder komplett übernommen.

Der Cruise-Direktor

Veranstaltungen von Mozart bis Rock

17

Deutschlands bekanntester Kreuzfahrt-Direktor heißt Schmidt, Harald Schmidt. Und sein Arbeitsplatz heißt »Traumschiff«. Vom Mimen und seinen Schiffen an anderer Stelle mehr, hier nur ein Hinweis: Der TV-Cruise-Direktor begann seine Bildschirm-Bordkarriere als Eintänzer. In der Realität dürfte eine solche Laufbahn zwar selten sein, aber Kandidaten für den Posten sollten schon touristische oder gastronomische Erfahrungen mitbringen. Sie sind quasi die Gastgeber und organisieren nahezu jegliche Unterhaltung an Bord, von der Poolparty bis zum Shuffleboard-Turnier, vom Kochkurs bis zum Kammerkonzert, bisweilen sogar inklusive der vorgeschriebenen Sicherheitsübungen zum Reisebeginn. Auch die Beschwerden der Reisenden

landen oftmals auf dem Schreibtisch des »CD«. Er hat überdies noch eine andere Klientel: die Künstler an Bord, vom sensiblen Mozart-Streicher bis zum bisweilen erstaunlich empfindsamen Rockgitarren-Virtuosen.

Cruise-Direktor ist ein relativ junger Beruf, in den frühen Jahren der Kreuzfahrt wurde das damals noch nicht so umfangreiche Tagesprogramm vom Hoteldirektor miterledigt. Heute ist der Kreuzfahrt-Direktor die Nummer vier in der Bordhierarchie, nach dem Kapitän (und seinem Stellvertreter), dem Chief und dem Hoteldirektor. Selbst auf mittelgroßen Schiffen hat der Offizier mit den meisten Passagierkontakten mindestens einen Assistenten, und je größer die Schiffe, umso größer sind auch diese Abteilungen. Auf Megaschiffen führen die Direktoren eine kopfstarke Truppe. Die Bedeutung der CDs lässt sich auch am Salär ablesen. Umgerechnet 100 000 Euro oder mehr im Jahr sind auf den »großen Pötten« durchaus nicht ungewöhnlich.

Populär: Bühnenshows nach dem Vorbild Pariser Revuen

Mega-Unterhaltung

18

Das Schiff ist das Ziel

Megaschiffe haben die Kreuzfahrt völlig verändert: Nicht mehr die Reiseziele sind wichtig, sondern das Schiff selbst ist die Reise. Vor allem, wenn es für den amerikanischen Markt konzipiert ist und vorzugsweise durch die Karibik gleitet. Entsprechend wichtig ist das Entertainment: jeden Abend mindestens eine große aufwendige Show in Hollywood- und Las-Vegas-Qualität.

Royal Caribbean Cruise Line bekommt regelmäßig Bestnoten für sein Abendprogramm, auch dank der Lizenzen für berühmte Shows vom Broadway (»Cats«, »Grease«, »Mamma Mia« etc.) und große Eigenproduktionen. Damit nicht genug, bieten die »karibischen Royals« auf ihren Eisbahnen (auf denen tagsüber Urlauber ihre Kreise drehen) farbenfrohe Spektakel auf Kufen oder – auf den neuesten Megaschiffen – auch Wasserartistik. Die Konkurrenten, vor allem Carnival und Norwegian Cruise Line, präsentieren ähnlich professionelle Shows an Bord, etwa eine Rock-Revue über Mozart oder ein fetziges Ballett zu klassischen Klängen.

Eine Frage von Quantität und Qualität

MSC, Europas größte Kreuzfahrtlinie, kooperiert mit der weltgrößten Artistenschau, dem »Cirque du Soleil«, der auf See zwei Programme zeigt. Deutschlands Nummer eins, AIDA Cruises, hat in Hamburg/St. Pauli eine Abteilung, die exklusive Bühnenshows für die »Kussmund-Kreuzer« produziert – rund 80 pro Jahr, jeweils 45 Minuten lang, meist zweimal am Tag, was fast 200 Stunden Showtime pro Woche ergibt. Die Oper »Aida« war unseres Wissens allerdings noch nicht dabei.

Showbiz in Zahlen

Gut 13 200 Aufführungen zählen die Bühnen der Royal-Caribbean-Flotte pro Jahr, gut doppelt so viele wie der Broadway und Londons Westend zusammen. Alle Programme entstehen im Studio der Reederei in North Miami Beach mit 14 Tanz- und 15 Vokaleinheiten. Jede Show wird dort sechs Wochen lang geprobt. Das Gesamtensemble – 1600 Akteure und 600 Musiker – wird jährlich bei weltweiten Castings mit bis zu 25 000 Künstlern ergänzt.

Szene aus einer Abendschau auf der *Mein Schiff 6*

Der Gentleman Host

19 Seriöse Gigolos in Diensten der Reederei

Ihn umweht ein Hauch der Frivolität: der Herr, der alleinreisende Damen an Bord zum Foxtrott bittet. Sein Kennzeichen: gute Manieren, stilvolle Kleidung und ein Namensschildchen am Revers, ergänzt um den dezenten Hinweis »Gästebetreuer«. Oder charmanter und globaler: »Gentleman Host«. Tanzen steht ganz oben auf der Aufgabenliste der meist im Pensionsalter angelangten »Gastgeber«. Aber viele Reedereien sehen ihre Dienstleister auch gerne an der Seite einsamer weiblicher Passagiere, die den Herren an ihren Tisch gebeten haben (und dann auch die Getränke auf ihr Bordkonto nehmen), beim Dinner.

Ein Spiel mit klaren Regeln

Auf nicht amerikanischen Schiffen ist diese Dienstleistung inzwischen rückläufig. In der Regel sind es Dampfer der gehobenen Preisklasse mit vorrangig angelsächsischem Publikum, auf denen noch häufiger Gästebetreuer mitfahren. Auf einigen Schiffen erhalten Gentleman Hosts

Gentleman Hosts müssen gute Tänzer sein.

Off limits: Die Tanzpartner dürfen nicht in die Kabinen der Damen.

ein kleines Salär, oftmals ist aber die Reise selbst der Lohn für Walzer und artige Komplimente. In Amerika hingegen müssen sie teilweise sogar noch etwas an die Agenturen, die sie auf Schiffe vermitteln, zahlen und auch einen Teil ihre Anreise selbst übernehmen.

Doch ob mit oder ohne Honorar, alle Gentleman Hosts haben einen Vertrag mit strikten Regeln unterzeichnet: Intimitäten mit Passagieren oder der Crew sind tabu. Wer dabei erwischt wird, steht im nächsten Hafen an Land. Auch wer seine Tanzgunst ungleichmäßig verteilt, fängt sich einen Rüffel des Entertainment Managers ein. Und wer eine Dame zum Parkett führt, die nicht alleine reist, darf dies nur mit Genehmigung ihrer Begleitung tun. Fälle, in denen tanzunwillige Ehemänner den Gentleman Hosts heimlich ein paar Scheine zustecken, sind allerdings gar nicht so selten.

Hollywood Hosts

Knautschgesicht Walter Matthau und Grimassenkönig Jack Lemmon verdingen sich für den Hollywood-Streifen »Tango gefällig« (1997) auf einem Cruise Liner (die damalige *Westendam*) als Eintänzer. Charlie (Matthau) kann allerdings gar nicht tanzen. Daraus entwickelt sich eine seichte, dank der beiden vorzüglichen Darsteller aber dennoch vergnügliche Komödie.

Der Lektor

20

Ein Spezialist für Land und Leute

Kein Geringerer als Goethe schuf das Motto der Schiffslektoren: »Man sieht nur, was man weiß.« Und gute Lektoren – meist verfügen sie über Diplome und akademische Titel – wissen viel über Land und Leute entlang der Route von Kreuzfahrtschiffen. Oft können sie auch profund über Spezielles während der Fahrt informieren, etwa Albatrosse über dem oder Delfine neben dem Schiff, Vulkane am Horizont und das Kreuz des Südens am Firmament. Das Hauptinteresse gilt aber dem nächsten Hafen und seinen Ausflugszielen.

Lektoren-Vortrag: Wissen in Bild und Ton

Die Highlights stellt die Lektorin oder der Lektor in Wort und Bild mehr oder minder ausführlich vor – bisweilen ein Balanceakt zwischen leichter Info für den nächsten Urlaubstag und detaillierter Expertise für Wissensdurstige. Sollte für Letztere ein Thema zu kurz gekommen sein, können sie die Lektoren an Bord jederzeit ansprechen. Genauso wie für die Frage, wo man an Land die attraktivsten Selfies machen kann.

Besonders gefragt waren Lektoren auf Überraschungsreisen, die Hapag-Lloyd bisweilen auf seinen Schiffen organisiert hatte. Dort konnten die Passagiere selbst entscheiden, wie der Kapitän den Kurs für die nächsten drei Tage anlegen sollte. Die Lektoren steuerten vor der Entscheidung ihr Wissen bei … bisweilen auch ein sehr spezielles. Als beispielsweise ein kleineres Schiff einmal die Pier von Hobart in Australien ansteuerte, fielen an Bord alle Toiletten aus. Doch der Lektor kannte glücklicherweise die nächstgelegenen öffentlichen Toiletten in der Stadt – frei nach Goethe: »Man findet nur, was man weiß.«

Fitness

21

Ein rundum gesundes Geschäftsmodell

Als die Kreuzfahrt noch ein Nischenprodukt war, sammelten sich vor dem Frühstück einige Damen an Deck zur Morgengymnastik oder später im Pool zu Leibesübungen mit Wassertreten. Angeleitet wurden sie oft von einer jungen, gelenkigen Mitarbeiterin der Boutique, des Hospitals oder des Touristikbüros, die sich damit ein paar Taler nebenbei verdiente. Doch das ist Geschichte …

Professionell

Heute sind Sport und Fitness auf See ein zentrales Thema und das lukrative Geschäft auf Kreuzfahrtschiffen längst professionalisiert. Moderne Schiffe haben Fitnessräume mit Blick aufs Meer und einer Geräteausstattung, die mit Fitnessclubs an Land problemlos mithalten kann. Dort erwarten die Passagiere in der Regel ausgebildete Trainerinnen und Trainer, die nicht nur an Hantel und Laufband gute Tipps geben können, sondern gegen Entgelt auch als persönliche Fitnesstrainer zur Verfügung stehen. An Land leiten die Sportler auch Fahrradtouren oder Lauftrainings, oft in exotischer Umgebung.

Strampeln im Fitnessclub: stationär und trotzdem mit 25 Knoten vorwärts

Der nach eigenen Angaben weltgrößte Dienstleister für derartige Berufe, der für zahlreiche große Reedereien tätig ist, unterhält in London eine eigene »Trainingsakademie«. Selbst frühere Olympiasieger oder Rekordsportler verdingen sich erfolgreich und oftmals mit selbst entwickelten Programmen an Bord. Doch nicht nur die Kombination Fitness plus Promifaktor ist gefragt. Große Cruise Liner buhlen sogar mit speziellen Fitness-Kreuzfahrten um die jüngere zahlungskräftige Klientel.

Viva la musica! Tanzgymnastik auf der *MSC Musica*

Körperpflege

22

Verwöhnprogramme vom Feinsten

Die großen Atlantik-Liner von einst waren – unfreiwillig – die Vorfahren der heutigen Cruise Liner. Und der unbekannte Figaro, der seinerzeit den ersten Friseursalon auf einem jener Dampfer eröffnete, wurde, ohne es zu wissen, zum Ahnherren aller Spa-Landschaften, die heute mit jedem Schiffsneubau immer noch größer und prächtiger werden.

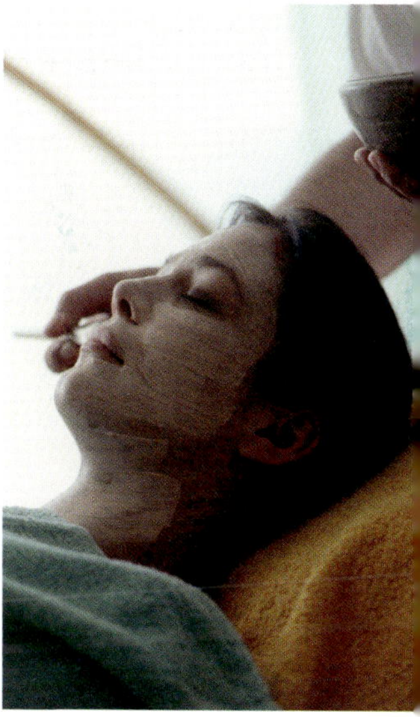

Kein Kreuzfahrtschiff ohne Kosmetikerin

Vor allem Megaschiffe haben ihr maritimes Pflegeangebot schier endlos ausgeweitet: Von der exotischen Massage bis hin zur Luftdruck-Massage gibt es alle Varianten, die Zahl der Öle und Tinkturen für Schönheit und Gesundheit ist ebenso stattlich wie die Sauna-Vielfalt: Finnensauna, Kräuterdampfbad, Biosauna, Mineralbad, Salzsauna …

Die üblicherweise gut ausgebildeten Körperpfleger/innen beziehen – ähnlich wie die Fitnesstrainer an den Hightech-Kraftmaschinen – zwar nur ein überschaubares Gehalt, können aber neben den Trinkgeldern auch dank der Provisionen für Pflegeprodukte, die sie ihren Klienten verkaufen, gut dazuverdienen. Das gilt im Übrigen auch für alle Friseure … nur im »Barber Shop« für Herren ist der Whisky im Preis inbegriffen.

Nackt oder bekleidet?

Nahezu alle Spas auf Cruise Linern haben eine Sauna. Auf Schiffen im US-Markt trägt man dabei Badekleidung, selbst dann, wenn die Saunen nach Geschlechtern getrennt sind. Unter Amerikanern wird die Legende verbreitet, die Europäer (vor allem die deutschsprechenden) seien auf »ihren« Schiffen immer unbekleidet und geschlechtergemischt in Sauna und Dampfbad. Das kann zwar häufig der Fall sein, muss aber nicht. Deshalb ist es ratsam, immer ein Extra-Handtuch dabeizuhaben.

Der Purser

23 Euro, Pfund, Dollar ... ein Blick in die Kassen

Geld spielt keine Rolle auf einer Kreuzfahrt. Oder sollte keine Rolle spielen, so der Wunsch der Reedereien. Ein Drink an der Bar, eine Flasche Wein zum Dinner, ein schönes Kleid aus der Bordboutique, ein Landausflug ...? Alles läuft auf das Bordkonto, was das Leben und Geldausgeben auf der Reise sehr erleichtert. Um wie viel dabei das eigene Konto erleichtert wird, zeigt sich erst auf der Rechnung kurz vor dem Zielhafen. Je höher diese, umso wohlgefälliger bewertet der sogenannte Purser seine Bilanz. Er zählt zur Offiziersgarde und ist am Schiff Herr über fast alles, was mit Geld zu tun hat.

Internet zunehmend inklusive

Grundsätzlich schätzen Purser Schiffe mit »All inclusive«-Programm, denn es entlastet die Buchführung. Meist sind es Schiffe der Luxusklasse, auf denen Getränke, Trinkgeld, Sportangebote, bisweilen sogar Landausflüge im Reisepreis inbegriffen sind, doch auch preislich im Mittelfeld rangierende Schiffe wie von der TUI werben mit »inklusiv«. Doch sind damit in der Regel nicht alle Leistungen an Bord eingeschlossen. »Inklusiv« gilt beispielsweise nur für ein bestimmtes Getränk, alle andere kosten extra. Teure Spirituosen oder Weine werden am Ende der Reise zumeist ebenso separat auf der Rechnung ausgewiesen wie Spa-Leistungen oder die Internet-Nutzung. Bei Letzterer ist allerdings zunehmend der Trend zum »Gratis«-Surfen erkennbar.

Bargeld gefällig?

Was aber ist, wenn die Passagiere beim Landgang am nächsten Hafen Dirham, Ringgit, Pa'anga oder ähnlich exotisches Geld benötigen? Kann die Rezeption wechseln? Je ungewöhnlicher die Währung, desto häufiger lautet die Antwort: Nein. Dann kommt außerhalb des Euroraums die touristische Weltwährung ins Spiel: US-Dollars. Die gibt es in der Regel auf jedem Schiff, wenn auch leider nur selten in kleinen Scheinen, die Landgänger eigentlich bräuchten. Touri-Veteranen sind deshalb gewappnet: Sie sammeln bereits zu Hause am Wechselschalter möglichst viele 1-Dollar-Scheine. Die gehen immer, selbst wenn für die öffentliche Toilette 50 lokale Lewonzen gefragt sind.

Trinkgeld

24

Wie viel ist angemessen?

Spätestens am vorletzten Urlaubstag gilt es, noch einmal tief in die Reisekasse zu greifen: It's tip-time! »Tip« – das ist eines der Worte, die global verstanden werden: Trinkgeld. Die Kabinen-Stewardess, die tagelang hinter uns herputzte, hat eine finanzielle Zuwendung ebenso verdient wie der Steward, der die leckeren Speisen aufgetragen hat, oder der Barmann, der jeden Abend den Sundowner gemixt hat. Der Tip ist verdient. Doch wie viel?

Kurs auf Bordeaux mit einem Glas Bordeaux – das ist schon ein Trinkgeld wert.

Die meisten Reedereien geben in ihren Unterlagen Trinkgeld-Empfehlungen – die aber weit auseinandergehen. Hochsee-Törns fangen bei fünf Euro pro Tag und Person an, auf (amerikanischen) Luxusschiffen geht es ab 20 Euro aufwärts. Amerikaner gelten als *big spender*; sie sind es gewohnt und willig, stattliche Trinkgelder zu zahlen. Andere Nationen sind nicht ganz so großzügig – ein Ruf, der beispielsweise Passagieren aus deutschsprachigen Ländern nachgesagt wird.

Die meisten Dienstleistungen, insbesondere auf US-Kreuzfahrtschiffen, werden von ihren Arbeitgebern nicht gut bezahlt. Erst die Trinkgelder können häufig für ein auskömmliches Einkommen sorgen. Damit diese Rechnung der Reeder auch bei Trinkgeld-Drückebergern aufgeht, sind viele Schiffseigner dazu übergegangen, die Tips automatisch vom Bordkonto des Passagiers abzubuchen. In manchen Fällen wird dem Kunden aber zumindest eingeräumt, zur Rezeption des Schiffs zu gehen und nur einen Teil des Pflichttrinkgeldes oder gar nichts zu gewähren.

Diese Praxis hat allerdings das Oberlandesgericht Koblenz im Jahr 2019 für unzulässig erklärt. Trinkgeld-Abbuchungen ohne ausdrückliche Genehmigung des Gastes sind nicht erlaubt und entsprechende Hinweise in den Allgemeinen Geschäftsbedingungen (AGB) unwirksam. Dennoch empfiehlt sich ein Blick ins Kleingedruckte.

Der Passagier

25

Keine klassenlose Gesellschaft

Auf den Transatlantik-Dampfern von einst waren die Decks säuberlich getrennt: Während es auf dem Unter- oder dem Zwischendeck, wo die meisten der armen Auswanderer reisten, eng und spartanisch zuging, bot das Oberdeck luxuriöse Quartiere und Salons mit entsprechendem Service. Erinnern Sie sich an den Hollywood-Erfolg *Titanic*? Der mittellose Jack reiste unter Deck in der dritten Klasse, seine geliebte Rose hingegen in der ersten. Beide Klassen sollten sich nicht näherkommen.

Das ist zwar vorbei, doch es gibt Ausnahmen: Auf den *Queens*, den Cunard-Schiffen, etwa gibt es es noch exklusive Restaurants, Salons und offene Decks nahe den teuersten Kabinen und Suiten. Benannt sind die abgesperr-

X-Lounge nennt Tui Cruises sein Refugium für exklusive Gäste.

Einstein fürs Kofferpacken

Die meisten Reedereien setzen in den Luxussuiten ihrer Schiffe Butler für den persönlichen Service ein, etwa zum Kofferauspacken oder für das Frühstück auf dem Balkon. So fällt es schwer, sich gegenüber der Konkurrenz zu profilieren. Royal Caribbean hat aber eine Lösung: Jeder ihrer Butler heißt »Royal Genie« – und das ganz ohne Angabe des jeweiligen IQ.

Der »Heaven« (Himmel) der NCL-Schiffe ist normalen Passagieren versperrt.

ten Bereiche traditionell nach ihren »Grill«-Restaurants. Wer dort residieren und tafeln möchte, kann das selbstverständlich, sofern er diese Klasse (die nicht mehr so genannt wird) bucht und bezahlt.

Champagner Rosé für zahlungskräftige Gäste

Ein »Schiff im Schiff«

Drei weitere Beispiele: Tui Cruises nennt sein Suitenrefugium inklusive Concierge »X-Lounge«, wozu meist auch ein separates Sonnendeck gehört. Royal-Caribbean-Schiffe bieten für Gäste ihrer teuersten Suiten Zugang zu einer eigenen Lounge, in der morgens kontinentales Frühstück und abends Drinks und Snacks ohne Extrakosten serviert werden. Und auf Schiffen der Norwegian Cruise Line (NCL) haben Passagiere der teuersten Kategorie einen »Heaven« mit exklusivem Restaurant, Lounge und Sonnendeck.

Die separaten Zonen bilden die Spitze oftmals langer »Aufpreislisten«, mit denen vor allem die amerikanischen Kreuzfahrt-Konzerne ihre Einnahmen erhöhen wollen. Es empfiehlt sich, vor der Buchung durchzurechnen, ob sich die höheren Kosten lohnen. Für manch Reisenden ist es den Mehrpreis wert, vor der Menge an oder von Bord zu gehen, für andere ist es der kostenfreie Internet-Zugang.

Reederei-Club

Seemeilen für Stammgäste

26

»Repeater« – das ist ein magisches Wort für die Kreuzfahrtbranche. Denn »Wiederholer« sind Kunden, pardon, Gäste, die ohne großen Werbeaufwand weitere Reisen buchen. Um diese Klientel an sich zu binden, wurden einst spezielle Clubs erfunden, die ihren Mitgliedern mehr oder minder attraktive Vorteile versprechen. Sie sind in der Regel gestaffelt nach dem Umsatz, den der Reisende bereits gebracht hat, auch wenn das so schnöde nicht gesagt wird: Vielmehr sammeln die Passagiere »Seemeilen« (AIDA), »Reisen« (TUI Cruises), »Punkte« (FTI) oder »Bonusmeilen« (Hapag-Lloyd).

Die Clubs, die nahezu jede Cruise Line hat, sind zugleich Marketinginstrumente, mit denen die Reedereien den Mitgliedern schlechter gebuchte Fahrten preisreduziert anbieten. Diese Rabattaktionen schützen gleichzeitig den Katalogpreis, weil der Discountpreis nicht allgemein bekannt wird. Nicht minder wichtig ist, den Mitgliedern das Gefühl eines besonderen Status zu vermitteln, um sie so zu »Botschaftern« der jeweiligen Marken zu machen, an Bord gegenüber Mitreisenden, aber auch an Land gegenüber Bekannten und Kollegen.

Der Preis der Mitgliedschaft

Entsprechend hochtönend ist bisweilen auch die Kommunikation mit den Repeatern: TUI hat beispielsweise bei der »Konzeption des Wohlfühlclubs ganz genau zugehört, was sich die treuesten Gäste als Wertschätzung wünschen«. Die Konzernschwester Hapag-Lloyd preist ihren Cruises Club als »elitären Kreis Gleichgesinnter« und lässt sich diese Form der Kundenbindung auch bezahlen: 150 Euro Eintrittsgebühr plus 50 Euro jährlich. Bei den meisten Unternehmen ist die Mitgliedschaft zwar gratis, setzt aber in der Regel eine abgeschlossene Reise mit der jeweiligen Reederei voraus (bei TUI Cruises sind es sogar drei Reisen und damit entsprechend hohe Ausgaben im Vorfeld).

Je mehr Tage an Bord verbracht werden, desto höher steigen die gewährten Vorzüge. Sind die Vorteile es wert, bei der nächsten Reise wieder mit dieser Linie zu reisen? Wer sich an eine Reederei binden will, sollte auf jeden Fall zuvor die im Internet aufgeführten Club-Leistungen auf seine individuellen Ansprüche hin überprüfen.

Freiluftkino mit Pool-Landschaft – mitten in der Karibischen See

Wohltätigkeit

27 Spenden für einen guten Zweck

Die moderne Kreuzfahrt mag in England oder Deutschland erfunden worden sein, aber erst die Amerikaner haben daraus einen milliardenschweren Wirtschaftszweig gemacht. Und weil Spenden für gute Zwecke zur Unternehmenskultur der Amerikaner gehört, zählt auch die *cruise industry* mit Millionenbeträgen zu den *big spenders.* Getreu der PR-Devise »Tue Gutes und rede darüber« haben die europäischen Reeder diese Idee aufgegriffen, nicht zuletzt dank der Geberlaune ihrer Passagiere und Mitarbeiter. Und so gibt es kaum ein deutsches Kreuzfahrt-Unternehmen, das sich nicht für Wohltätiges engagiert. Der größte Teil des Geldes kommt allerdings nicht aus der Firmenkasse, sondern aus den Taschen der Passagiere.

Das werbende Eigenlob hält sich vielleicht deshalb in Grenzen – auf den Websites der Firmen jedenfalls muss man die Wohltaten meist erst suchen. Das größte hiesige Kreuzfahrt-Unternehmen hat sich dafür immerhin eine Marke zugelegt – »AIDA Cruise & Help« – und arbeitet mit der deutschen Stiftung »Fly & Help« beim Schulbau in der dritten Welt zusammen. Das erste Projekt wurde auf den Philippinen realisiert. Hapag-Lloyd Cruises ist über die »TUI Care Foundation« aktiv, zum Beispiel ebenfalls auf den Philippinen. Das ist kein Zufall, denn ein Großteil der Mitarbeiter unter Deck kommt aus diesem Inselstaat. Hapag-Lloyd hatte sich früher für die SOS Kinderdörfer eingesetzt und in passenden Häfen auch Besuche für die Passagiere in einem Kinderdorf arrangiert.

Die große Konzernschwester TUI Cruises setzt sich für verschiedene Hilfswerke ein, zum Beispiel in Indonesien für die Kinderorganisation terre des hommes. Ein »Eigengewächs« sind Patenschaften, die für jeweils ein Jahr übernommen und von den Mitarbeitern ausgesucht werden, beispielsweise für Familien, die von Krebsfällen betroffen sind, oder für ein Hamburger Hospiz. Und bei Phoenix Reisen spendet Gründer Johannes Zurnieden seit Jahren während einer ZDF-Gala große Beträge für die kirchlichen Hilfswerke Misereor sowie Brot für die Welt.

28
Hochzeit auf See

Nahezu weltweit möglich

Seit den Tagen der Atlantik-Liner spielt er in populären Romanen und Filmen eine wichtige Nebenrolle: der Kapitän, der auf See Paare rechtsgültig verheiratet. Insider schmunzelten, denn in der Regel hatte der Captain dieses Recht nicht. Das hat sich jedoch geändert, zumindest für jene Skipper, deren Schiffe unter den Flaggen von Malta, den Bahamas oder Bermuda unterwegs sind. Das trifft in Deutschland auf einige Schiffe von TUI Cruises, Hapag-Lloyd und Sea Cloud Cruises zu.

Hochzeit also ganz beziehungsreich vor dem Kap der guten Hoffnung? Dort wohl eher nicht, da vor der Einfahrt nach Kapstadt viel Verkehr herrscht und der Kapitän keine Zeit hat. Generell aber ist die maritime Kombination aus Hochzeit und Honeymoon nahezu weltweit möglich. Alle großen in Nordamerika tätigen Reedereien haben auf vielen Schiffen eigens »Wedding Chapels« eingerichtet. Ihre Nutzung ist eingebettet in zahlreiche Pauschalpakete für künftige Eheleute. Im Prinzip gibt es dabei drei Varianten: Heirat auf hoher See, im Hafen oder an Land (Letzteres wieder in großer Vielfalt – wenn es sein muss, bis hin zur Zeremonie auf einem Gletscher in Alaska).

Honeymoon Cruising: Wo ein echter Kapitän verliebte Paare fachkundig in den Hafen der Ehe navigiert

Alle Reedereien beschäftigen dafür Experten, die durch den Dschungel gesetzlicher Vorschriften geleiten und alle Feiervarianten beherrschen, weshalb die Buchung trotz möglicher Zusatzkosten empfehlenswert ist. Eine Faustregel gilt aber immer: Planen Sie rechtzeitig, am besten mit mindestens drei, besser noch sechs Monaten Vorlauf. Die Kosten bewegen sich mindestens im unteren vierstelligen Bereich und sind nach oben hin naturgemäß offen. Wer ganz tiefe Taschen hat, kann zum Beispiel bei Sea Cloud einen ganzen Dreimaster für sich und seine Hochzeitsgäste chartern.

Kinder an Bord

29

Nicht immer wird Rundum-Betreuung garantiert

Mit dem Nachwuchs an Bord? Das ist keine schlechte Idee, sofern das Schiff eine umfassende Kinderbetreuung anbietet. Damit werden auch zeitknappe berufstätige Eltern zum Urlaub auf See verlockt. Eine geschätzte traditionsreiche Variante ist daneben die Kombination »Oma plus Opa plus Enkel«. Zum Branchenstandard gehören mittlerweile verschiedene Clubs nach Altersgruppen – mit Piratenkostümierung für die Kleinen und coolem Abhängen für die Größeren.

Schiffe, die sich Familien andienen wollen, haben mindestens eine Nanny an Bord, die mit den Kindern mittags essen geht und auch ansonsten für volles Programm hinter den Kulissen sorgt. Damit wird gleichzeitig verhindert, dass im Pool tobendes Jungvolk die Ruhe der Liegestuhlgäste stört. Und wenn am Abend ein Babysitter den Eltern eine unbeschwerte Show- oder Barnacht beschert, werden sie sich gerne an den Urlaub erinnern.

Ausgesuchte Zielgruppen

Das Pendant zu Schiffen mit umfangreichen Kinderprogrammen sind solche, auf denen Kinder und Jugendliche nur auf Familienreisen (meist in Ferienzeiten) mitreisen können. Auf drei Schiffen von P&O heißt es hingegen »nur Erwachsene« *(adults only)*; dasselbe gilt für alle Schiffe der britischen Reederei Virgin Voyages. Bei Viking Ocean Cruises beträgt das Mindestalter 18 Jahre, und auf den britischen Saga-Schiffen gilt sogar 55+.

Piraten in Sicht? Kreuzfahren ist kinderleicht.

Kinderfreie Disney-Welt?

Selbst auf den quasi für Kinder erfundenen Disney-Kreuzfahrtschiffen, auf denen allenthalben Mickey Maus als Kapitän unterwegs ist, gibt es viele Bereiche, in die der Nachwuchs keinen Zutritt hat. Dazu gehören nicht nur sämtliche Nachtclubs, sondern auch ein italienisch und ein französisch inspiriertes Restaurant, ein Fitness Center, vor allem aber der »Quiet Cove Pool«, also die so passend benannte »ruhige Bucht«.

Gäste mit Handicap

30

Mit Pool-Lift und Vibrationsalarm

Im vergangenen Jahrhundert, also vor gut 20, 30 Jahren, waren Rollstuhlfahrer selten auf Kreuzfahrtschiffen anzutreffen, weil diese nur in Ausnahmen entsprechend ausgerüstet waren. Das hat sich erfreulicherweise gewandelt: Behindertengerechte Kabinen sind auf allen neueren Schiffen Standard, auch die allgemeine Barrierefreiheit hat sich durchgesetzt. Nahezu alle öffentlichen Bereiche sind gut erreichbar, Blinde finden häufig Braille-Beschriftungen und es gibt oftmals sogar kleine Lifte an den Pools.

Je jünger der Cruiseliner, desto besser ist er ausgestattet für Gäste mit Behinderungen.

Für maritime Notfälle mit entsprechenden Signaltönen (SOS etc.) sind die Sonderkabinen für Reisende mit Handicap auch mit Lichtsignalen und Vibrationsalarm im Bett ausgestattet. Als Faustregel gilt: Je jünger und größer ein Schiff ist, umso besser ist es für Menschen mit körperlichen Einschränkungen geeignet.

Dennoch wollen alle Reedereien vorab über solche Behinderungen informiert werden, andernfalls können Sie die Passage verweigern. In der Regel wird ein Mitreisender gefordert, der sich um den Passagier kümmern kann. Denn trotz aller Fortschritte gibt es kritische Situationen, insbesondere bei Landausflügen. Das Anlegen an einer Pier bereitet hingegen kaum Probleme, es sei denn, der Wasserstand erfordert eine besonders steile Gangway.

Schwierig wird es allerdings, wenn das Schiff »auf Reede« liegt und die Passagiere mit Tender- oder gar in Schlauchbooten an Land gebracht werden. Kommt dann noch strammer Seegang hinzu, lehnt die Schiffsleitung den Transport von Menschen mit Behinderung oft ab. Schon bei der Auswahl der Reisen lohnt sich deshalb ein Blick auf die Häfen der Route. Gute Reisebüros geben auch dazu fachkundige Auskunft.

Routenplanung

31 Europa lockt mit vielfältigen Attraktionen

Kreuzfahrtschiffe sind Sonnenanbeter, zumindest die meisten. Sie folgen unserem wärmenden Zentralgestirn rund um den Globus. Das gilt auch für die Meere rings um Europa: Im Spätherbst lichten im Mittelmeer ganze Flotten ihre Anker und nehmen Kurs auf die Karibik – wenn auch schweren Herzens, denn Europa ist für Kreuzfahrer eine der attraktivsten Regionen der Welt. Nirgendwo sonst konzentriert sich auf vergleichsweise engem Raum so viel Kunst und Kultur, so viel Geschichte und kulinarische Vielfalt.

Das mag vermutlich der Grund dafür sein, dass einige Reedereien zumindest ein Schiff auch im Winter in der Nord- und Ostsee sowie im Mittelmeer einsetzen. Entlang der Atlantikküste, an der es in den Winterwochen recht ungemütlich werden kann, sieht man dann hingegen keine Urlaubsdampfer mehr.

Trotz digitaler Seekarten wird der Kurs oft noch von Hand »abgesteckt«.

Die Städte-Highlights

Historische Städte sind die Hauptattraktionen an den Küsten der Alten Welt: das imperiale London unweit der Nordsee, die historischen Hansestädte der Ostsee, Amsterdam nahe dem Atlantik, Lissabon als Tor zum Südatlantik, die Katalanen-Kapitale Barcelona, die Handelsmetropole Marseille, das küstennahe »ewige Rom«, Athen und Istanbul, allesamt am Mittelmeer … das sind nur einige der klingenden Namen im europäischen Kreuzfahrt-Atlas.

Windrose und Weltkarte – Bodenmosaik zu Füßen des »Denkmals der Erinnerungen« in Lissabon

Naturerlebnisse treten dagegen etwas zurück, sieht man einmal von den einzigartigen Fjorden Norwegens, der »Insel aus Feuer und Eis« – Island – und dem Puzzle der griechischen Inseln ab. Auch Badestopps sind eher die Ausnahme auf Europa-Kreuzfahrten – vielleicht einmal ein Tag auf Mallorca oder an der Westküste der Türkei. Wir Europäer haben in der Summe die attraktivsten Kreuzfahrtziele der Welt vor unserer Haustür. So lässt sich auch der Verlust eines früheren Höhepunkts verkraften: Das zaristische St. Petersburg an der Ostsee wird seit dem Überfall Moskaus auf die Ukraine bis auf Weiteres nicht mehr angesteuert.

Ein Meer im Abseits

Ost- und Nordsee, Atlantik und Mittelmeer – fehlt da nicht noch ein Meer auf Europas Seekarten? Natürlich das Schwarze Meer. Die dortigen Küsten der Türkei, Georgien, Russlands Süden, die Ukraine, Rumänien und Bulgarien sind alle fraglos eine Kreuzfahrt-Visite wert. Doch seit der russischen Annexion der Krim, dem Einmarsch in Teilen Georgiens und dem aktuellen Ukraine-Krieg (Stand 07/2022) verzichten die meisten Reedereien darauf, ihre Schiffe in dieses Randmeer zu entsenden.

Kurs Ost- und Nordsee

32 Europas Norden von Finnland bis Island

Der Norden ist kalt, lautet ein gängiges Vorurteil. Und das stimmt ja auch, allerdings nur im Winter. Wer im Sommer, wenn die Tage lang und die Nächte kurz sind, durch Finnlands Hauptstadt Helsinki flaniert, tut dies oft im T-Shirt. Und wer im fast benachbarten Baltikum oder im polnischen Danzig unterwegs ist, kann, nein, wird im Sommer ordentlich ins Schwitzen kommen. Selbst im eisigen Island, das einen Zipfel noch über den Polarkreis streckt, sind die jungen Isländerinnen nächtens im Minirock von einer Party zur anderen unterwegs. Deshalb: Der Norden ist nicht kalt, sondern ein cooles Reiseziel.

Stichworte für Ihre Urlaubsliste

- **Stockholm** mit seiner Altstadt (Gamla Stan) und dem schönsten historischen Schiff der Welt, der *Vasa*.
- Estlands Hauptstadt **Tallin** mit seiner schönen Altstadt.
- **Danzig** (Gdansk) – sein historischer Stadtkern, meisterlich restauriert, ist ein Muss für jeden.
- Das zauberhafte **Kopenhagen** verdient dank seiner vielen Attraktionen eine Stadtrundfahrt, ein Stopp beim Denkmal der Kleinen Meerjungfrau mit eingeschlossen.

Ein Halt auf jedem Island-Törn: Akureyri an der Nordküste

- In Norwegens Hauptstadt **Oslo** kann man der architektonisch sehr gelungenen neuen Oper aufs Dach steigen.
- Der historische Hansehafen **Bergen** ist auch Startpunkt der Hurtigruten, der einstigen Postschifflinie, die entlang der Küste bis über das Nordkap hinaus fährt.
- Wer im isländischen **Reykjavik**, der nördlichsten Hauptstadt der Welt, nur einen Tag hat, sollte die Touristenroute »Golden Circle« mit aktivem Geysir, Gullfoss-Wasserfall und Thingvellir buchen, dem Tal, in dem das erste Parlament der Welt zusammentrat und sich die Erdplatten Europas und Amerikas auseinanderbewegen.
- In südlicheren Gefilden ist Schottlands Hauptstadt **Edinburgh** ein Muss – Loch Ness samt Monster kann man sich hingegen sparen.
- An der Themse-Mündung können kleinere Kreuzfahrtschiffe zur Fahrt nach **London** einbiegen – wenn nicht, gibt es von der englischen Südküste meist einen Busausflug zu Queen und Big Ben.
- Für die Stippvisite zur Nachbarinsel Irland ist die Hauptstadt **Dublin** das populärste Ziel.
- **Amsterdam**, die Hauptstadt der Niederlande (gemeinsam mit Den Haag), ist über einen Kanal mit dem Meer verbunden.
- Das belgische **Zeebrügge** dient als Startort für Ausflüge nach **Brügge**, **Gent** oder **Brüssel**.
- Wenn im Ärmelkanal die Enge von Dover und Calais mit ihren vielen Fähren (trotz des Kanaltunnels) passiert ist, machen die Cruise Liner oft Halt im britischen **Southampton** oder im französischen **Le Havre** mit dem zauberhaften kleinen Honfleur jenseits der Seine-Mündung.

Kurs Westeuropa

33

Entlang der Atlantikküste gen Süden

• Wo aus dem Ärmelkanal schon vor langer Zeit ein Stück Nordatlantiks geworden ist, liegt die alte französische Seefahrerstadt **Saint-Malo**, deren völlig von mittelalterlichen Mauern umgebene historische Altstadt nach Kriegsschäden originalgetreu wieder aufgebaut wurde.

- Der nächste wichtige Kreuzfahrthafen der Grande Nation ist oftmals das weit im Süden, an einem Meeresarm nebst Fluss gelegene **Bordeaux**.
- Danach gilt es, die gerne stürmische Biscaya-Bucht zu überqueren und **Bilbao** anzusteuern. Die sterbende Industriestadt erwachte dank des berühmten Museumsbaus von Frank O. Gehry zu neuem Leben.
- Die Groß- und Hafenstadt **La Coruña** weit im Westen der spanischen Nordküste bietet zwar mit ihrem mächtigen römischen Lauchtturm ein »Weltkulturerbe«, aber die hier stetig wachsende Schar der Cruise Liner ist hauptsächlich dem nahen **Santiago de Compostela** zu verdanken, dem Pilgerziel aller Jakobswege.
- Nach Umrundung des Kap Finisterre (lateinisch für das »Ende der Welt«) geht die Ferienflotte auf Südkurs nach **Porto**. Die durch Portwein reich gewordene Stadt ist die zweite Perle Portugals; die erste weiter südlich ist die Hauptstadt **Lissabon**.
- Der nächste sehenswerte Hafen liegt schon wieder in Spanien: das schmucke, 3000 Jahre alte **Cádiz** in Andalusien.
- Zu Großbritannien gehört hingegen der große Felsen von **Gibraltar**, hinter dessen Meeresenge das Mittelmeer beginnt.

Luxus-Segler in der Bretagne: die *Sea Cloud* im Hafen von Saint-Malo

Des Erzengels heiliger Felsen

Saint-Malo in der Bretagne verdankt einen Gutteil der hier Halt machenden Kreuzfahrtschiffe der Nähe zu einer Ikone Frankreichs: dem großartigen Mont Saint-Michel. Das auf einer in der gleichnamigen Bucht vorgelagerten Felseninsel hoch aufragende Kloster ist zwar nur 57 Kilometer entfernt, gehört aber schon zur Normandie. Achtung! Im Sommer ist auf den schmalen Treppen und Pfaden kaum noch ein Durchkommen.

VEHINTITRES

Kurs Mittelmeer

34

Im Zentrum der Antike

Mare nostrum – »unser Meer« – nannten die alten Römer das Nebenmeer des Atlantiks, das Europa, Kleinasien und Afrika verbindet. Heute ist das Mittelmeer wegen der unzähligen Strandurlauber bekannter als »Badewanne Europas«, was den vielen historischen Sehenswürdigkeiten jedoch nicht gerecht wird.

Von Spanien bis Marokko

- In Spaniens Gewässern sollten mindestens zwei Häfen im Reiseplan verankert sein: **Mallorca** mit der Kathedrale in Palma und **Barcelona** mit Antoni Gaudís unglaublicher, immer noch nicht vollendeter Kirche Sagrada Familia.
- Frankreichs Süden wird von **Marseille** und **Nizza** an der Côte d'Azur würdig vertreten.
- Monaco ist als reiches Mini-Fürstentum ein beliebter Zwischenstopp.
- In Italien sollten die Häfen Civitavecchia (für **Rom**), **Neapel**, ein Hafen auf **Sizilien und in der Adria »La Serenissima« – Venedig** – nicht auf der Route fehlen.
- **Dubrovnik** in Kroatien ist der populärste Kreuzfahrthafen innerhalb der Balkanländer.

Karneval in Venedig: Manche Kostüme sind wahre Kunstwerke.

Der Hafen von Marseille mit der Wallfahrtskirche Notre-Dame de la Garde

Die Moschee in Casablanca ist eines der größten islamischen Gotteshäuser der Welt.

Attraktion in Haifa: die Gärten des Bahai-Tempels

- Griechenland prunkt mit **Athen** und als Stellvertreter für seine 3054 Inseln mit Heraklion auf **Kreta**.
- Wie Griechenland kann auch die Türkei besonders mit ihrer Metropole **Istanbul** punkten.
- Israels wichtigster Kreuzfahrthafen ist das am Karmel-Gebirge gelegene **Haifa**, wo auch Ausflüge zu den biblischen Stätten in Jerusalem, Bethlehem und Nazareth beginnen.
- In Ägypten legen die Passagierschiffe in **Alexandria** an, hier gehen die meisten Ausflüge ins knapp 200 Kilometer entfernte **Kairo** und zu den Pyramiden.
- Im westlichen Nordafrika fehlt die marokkanische Millionenstadt **Casablanca** selten auf den Reiserouten, was vermutlich dem immer noch nachwirkenden Hollywood-Film zuzuschreiben ist, der allerdings nicht in Casablanca gedreht wurde.

Ritter und Venus

Auch zwei Inselstaaten im Mittelmeer sind beliebte Kreuzfahrtziele: Zypern, laut Legende Geburtsort der Venus, ist das letzte politisch geteilte Land der EU. Und Malta, einst Zentrum des mächtigen Ritterstaates der Malteser, zwischen Europa und Afrika. Maltas Flagge weht wegen steuerlicher und anderer Vorteile über vielen Kreuzfahrtschiffen, darunter TUI und MSC. Den zyprischen Kreuzfahrthafen Limassol nutzen viele Passagiere für einen Strandtag.

Kurs Atlantik

35 Afrika, Nord- und Südamerika

Gibraltar und die Westküste des heutigen Marokko waren bis zum 15. Jahrhundert Endstation für die Erkundungsfahrten der Portugiesen in Afrika. Angst und Aberglauben ließen die Seefahrer umkehren. Erst als Gil Eanes 1434 erstmals das »Kap ohne Wiederkehr«, Kap Bojador (West Sahara), überwunden hatte, trauten sich die Portugiesen, weiterzusegeln, bis Vasco da Gama 1498 für die Europäer den Seeweg nach Indien entdeckte.

Heute gibt es, abgesehen von Piraten, keine Gefahren an Afrikas Westküste. Dennoch ist die Route bei Kreuzfahrern wenig beliebt, deshalb werden die dortigen Häfen selten angelaufen. Eine Ausnahme sind **Walvis Bay** und **Lüderitz** in Namibia – und natürlich **Kapstadt** in Südafrika unweit des Kaps der Guten Hoffnung. Ähnliches gilt für die Inselgruppen **Azoren** und **Madeira** (beide Portugal), die **Kanaren** (Spanien) und die zunehmend beliebter werdenden unabhängigen **Kapverden**.

Der Pier von Arrecife auf der Kanareninsel Lanzarote

Das Tor zum Amazonas

Viele kleinere Kreuzfahrtschiffe machen in Brasilien auch in *Belém* (Bethlehem) Station, denn die Stadt hat einen berühmten Markt, den »Ver-o-Peso«, an dessen Ständen man nicht nur angeblich magische Heiltinkturen (etwa »natürliches Viagra«), sondern auch allerlei exotische Amazonas-Fische sehen kann. Belém gilt für Kreuzfahrer als das »Tor zum Amazonas«, auf dem selbst größere Kreuzfahrtschiffe bis Iquitos in Peru fahren können.

Zwischenstopp auf dem Weg nach Südamerika: Funchal auf Madeira

Abschied von New York: Manhattans Türme verschwinden im Dunst.

Atlantik-Überquerungen

Beim Stichwort »Atlantik« denken viele Urlauber aber auch an die epochemachenden Überquerungen des Ozeans zwischen Europa und den USA – die Vorfahren der heutigen Kreuzfahrt.

- Meist wollten die Auswanderer nach **New York**, und der »Big Apple« ist auch ein Lieblingsziel moderner Kreuzfahrer – eine ganz andere atlantische Welt.
- Nördlich der »Stadt, die niemals schläft«, sind das kanadische **Montreal** und **Boston** in Neuengland klassische Kreuzfahrthäfen.
- Südlich lohnt es sich, in den historischen Städten **Charleston** oder **Savannah** an Land zu gehen, ehe mit **Miami** der größte Kreuzfahrthafen der Welt erreicht ist. So viele Ozeanriesen, die ausschließlich dem Vergnügen dienen, sieht man sonst nirgendwo auf der Welt.
- An der südamerikanischen Atlantikküste sind es vor allem drei Häfen, die bei der Reiseplanung ganz oben stehen sollten: in Brasilien **Salvador** mit seiner reichen Geschichte und die Metropole **Rio de Janeiro**, in Argentinien die Hauptstadt **Buenos Aires**.

36

Kurs Karibik

Mit US-Dollar bestens gerüstet

Die Karibik ist das mit Abstand größte Kreuzfahrt-Revier der Welt. So weit, so klar … dann aber beginnen schon die Unklarheiten. Wo sind die Grenzen der Karibik? Gehört Bermuda noch dazu? (Nein.) Die Bahamas? (Eher ja.) Die Florida Keys? (Eher nein.) Wie viele Inseln gibt es in der Karibik? (Etwa 7000 – die größten sind Kuba, Hispaniola und Jamaika.) Hispaniola? Nie gehört! (Die Insel teilen sich die Dominikanische Republik – im Touristen-Jargon »Dom Rep« – und Haiti.) Gibt es weitere geteilte Inseln? (Ja, eine: St. Martin, als Saint-Martin französisch, als Sint Maarten niederländisch.) Wie viele Inselstaaten sind unabhängig? (13. Und 17 Inselgruppen gehören zu den Staaten Großbritannien, Frankreich, USA und Niederlande – sie genießen unterschiedlich weitreichende Selbstbestimmung.)

Sprachen und Währungen

Auf den Inseln werden Englisch (die *lingua franca*), Spanisch, Französisch, etwas Niederländisch und unzählige kreolische Mischsprachen

Ocho Rios auf Jamaica ist einer der beliebtesten Kreuzfahrthäfen in der Karibik.

Viel Wirbel

Kein Paradies ohne Plagen … und die größte in der Karibik sind die Wirbelstürme. Glücklicherweise halten sie sich meist an ihre *hurrican season* von Anfang Juni bis Ende November und folgen grne ähnlichen Pfaden. Deshalb gelten Aruba/Bonaire/Curaçao als »hurrikanfrei«. Überdies werden die Wirbelstürme von Meteorologen beobachtet. Nach ihren Warnungen haben Kreuzfahrtschiffe auf See genügend Zeit, ihre Routen zu ändern.

gesprochen. Und folgende Währungen werden akzeptiert: Der Ostkaribische Dollar gilt in acht Staaten und Gebieten, z. B. auf St. Lucia. Daneben gibt es Barbadian Dollars (Barbados), Jamaica Dollars und TT-Dollars (Trinidad und Tobago). Kuba zahlt mit dem Peso, die französischen Inseln in Euro, aber auf den (einst) niederländischen Inseln pflegt Aruba den Aruba Florin, Bonaire nutzt den US-Dollar und Curaçao den Antillen-Gulden. Glücklicherweise wird überall in der Karibik der US-Dollar gerne gesehen.

Zur Karibik gehören außerdem die mittelamerikanischen Länder zwischen Panama im Süden und Mexiko, der touristischen Großmacht im Norden. Alle haben eigene Währungen, aber immerhin ist in den meisten

Straßenmusikanten heizen die Stimmung in Havanna an.

Fotogen: die *MS Deutschland* im Hafen Port Antonio auf Jamaika

Ländern Spanisch die Hauptsprache – nur in Belize wird Englisch gesprochen. Doch auch in diesen Staaten gilt: Mit Englisch kommt man immer durch und mit dem US-Dollar sowieso.

Beliebte Ziele

Hauptziele in der Karibik sind **Kuba**, **Jamaika**, **Puerto Rico**, die **Bahamas** und die **Dominikanische Republik**. Aber es gibt auch zahllose Fahrten zu den kleinen Inseln, insbesondere mit Segelbooten (Ein- bis Dreimaster). Auf kleinen Luxusjachten sind die Preise naturgemäß höher als auf Giganten, die mit 4000 bis 5000 Passagieren durch das tiefblaue Randmeer des Atlantiks schippern. Denn bei allem Strand- und Palmenglück ist die Karibik unübersehbar auch ein gewaltiges Geschäft.

Kurs Indischer Ozean

37

»Big Five« in Afrika, »Backwater« in Asien

Der Indische Ozean ist – nach Pazifik und Atlantik – das drittgrößte der Weltmeere. Dennoch gibt es an seinen Festlandsküsten – Afrika, Asien, Australien – relativ wenige Häfen, die auf der Wunschliste der Kreuzfahrer ganz oben rangieren. Dennoch verdient in Ostafrika ein unter Ferienreisenden weniger bekannter großer Handelshafen eine Empfehlung: Richards Bay in Südafrika. Hier sind nämlich attraktive Ausflugsziele nahe, Dörfer, die mit der alten Kultur der einheimischen Stämme vertraut machen, und Reservate, in denen Afrikas legendäres Tierleben zu beobachten ist – einschließlich der »Big Five« (Löwe, Leopard, Nashorn, Elefant, Büffel).

Kontrast-Programm

- Den größtmöglichen Kontrast bieten die arabischen Glitzermetropolen **Dubai** und **Abu Dhabi** und dann nochmals die 13-Millionen-Stadt **Mumbai** (früher: Bombay) an Indiens Westküste – ein beeindruckendes Nebeneinander von großer Armut und gewaltigem Reichtum, kolonialer Pracht und Hightech.

- **Kochi** in Südindien ist bekannt durch Fotos seiner »chinesischen Fischernetze«, der portugiesischen Kolonialarchitektur und der Fahrten durch seine »Backwater«, ein Labyrinth aus Inseln und Wasserläufen.
- An der Spitze der malayischen Halbinsel mit Malaysias Stränden ist **Singapur** ein sehr beliebter Hafen unter Kreuzfahrern.
- Am Ostrand des Indischen Ozeans schließlich liegt die australische Millionenstadt **Perth** mit ihrem historischen Hafen Fremantle.

Löwe im Addo Elephant National Park (Ausflug von Port Elizabeth in Südafrika)

Dubai – das Kreuzfahrtzentrum der Vereinigten Arabischen Emirate

Vom Dreh mit den Jahreszeiten

Ein Wind, der zuverlässig zweimal im Jahr seine Richtung ändert, prägt den Indischen Ozean sowie Südindien und Südostasien: der Monsun. Im Sommer (Juni bis September) weht er Richtung Südwesten und bringt ausgiebig Regen mit sich, was in den Tropen für enormes Pflanzenwachstum sorgt. Manche Touristen meiden diese Zeit. Mit Beginn des Winters (Dezember bis Februar) hat sich der Monsun gedreht; er weht nun vom Land aufs Meer hinaus und sorgt so für die »Trockenzeit«.

Insel-Juwelen

Singapur und Mumbai sind streng genommen Inseln, gehören also in die Kategorie, mit der dieser Ozean besonders prunken kann. Es beginnt vor Afrika mit **Madagaskar**, **Mauritius** und den hochpreisigen **Seychellen**, deren Strände durch die Bacardi-Rum-Reklame weltberühmt wurden. Indiens Südspitze zieren die Inselstaaten **Malediven** und **Sri Lanka**. Und jenseits des Indischen Ozeans beginnt der größte Inselstaat der Erde: **Indonesien** mit dem touristischen Juwel Bali.

Ausflug in die Backwaters im indischen Kochin

Kurs Pazifik

38

Ikonen des Fernwehs

Bangkok ist ein beliebtes Ziel von Kreuzfahrtschiffen.

Rings um den Pazifik, dem mit Abstand größten Ozean, liegt nicht nur ein »Ring von Feuer« mit etlichen der aktivsten Vulkane der Welt. Am pazifischen Saum haben sich auch Weltstädte angesiedelt, die fast ausnahmslos attraktive Kreuzfahrt-Ziele sind: Bangkok in Thailand, Hongkong und Shanghai am Chinesischen Meer, Australiens Ostküste mit Melbourne und Sydney. Auf der »anderen« Seite des Pazifiks, an Amerikas Westküste, lässt kein Kreuzfahrt-Planer Vancouver, San Francisco, Los Angeles und – weit im Süden – Valparaiso in Chile aus.

Das ungeliebte Christkind

»El Niño« (das Christkind) nennen peruanische Fischer ein Meeresphänomen, das unregelmäßig um Weihnachten herum den Pazifik vor ihrer Küste verändert. Normalerweise steigt um diese Zeit kaltes, nährstoffreiches Wasser aus der Tiefe auf und lockt große Fischschwärme an. In El-Niño-Jahren schieben hingegen veränderte Winde und Strömungen warmes Wasser aus dem Westpazifik vor die Küste Südamerikas. Das vertreibt nicht nur die Fische, es sorgt auf der Südhalbkugel auch für Wetterkatastrophen: Dürre in Afrika, Indien, Australien und sogar jenseits der Anden am Amazonas.

Inselträume

Wie auf allen Ozeanen locken auch im Pazifik berühmte und sehenswerte Inseln die amerikanischen und zunehmend auch asiatischen Cruise Liner und ihre Passagiere an: **Auckland**, die Metropole Neuseelands, **Bali** in Indonesien, **Tokio** in Japan und das **Hawaii**-Archipel, die Lieblingsinseln von Millionen Amerikanern und Japanern. Und dann natürlich die Traumwelt der Südseeinseln (Träume, die der Realität nicht immer entsprechen) mit der **Fiji**-Gruppe und **Tahiti** in Französisch-Polynesien als touristische Epizentren

Von Pol zu Pol

Der Pazifik ist ebenso wie der Atlantik ein Ozean, auf dem man vom Nordpolarkreis über den Äquator bis zum Südpolarkreis reisen könnte. Auch solche Törns gibt es bisweilen, aber sie leiden besonders unter dem Manko des Pazifiks: Die Enfernungen sind gewaltig. So stehen mindestens fünf Seetage ohne Land am Horizont zwischen der US-Westküste und dem US-Staat Hawaii auf dem Plan. Das Unterhaltungsprogramm an Bord läuft dann auf Hochtouren. Es gibt aber auch die Möglichkeit, sich total zu entspannen … herrlich für den, der es mag.

Zwischen Opera House und Harbour Bridge: die *Europa* in Anfahrt auf Sydney

Immer mehr Kreuzfahrtschiffe steuern im Südsommer die Antarktis an.

Kurs Arktis & Antarktis

39

Im Trend unserer Zeit

Eis mit Stil – so lassen sich die immer populärer werdenden Kreuzfahrten an die tiefgefrorenen Enden der Welt anpreisen. Und zwar im Doppelpack, einmal im Norden, einmal im Süden. Die Törns in die Vorgärten des Nordpols sind allerdings gefragter als jene an den Südpol. Schließlich ist für Bewohner der Nordhalbkugel die Arktis näher als die Antarktis und damit die Reise günstiger als Flüge in den tiefsten Süden unseres Planeten. Hinzu kommt: Die meisten attraktiven Ziele in der Arktis lassen sich mit Schiffen ohne Eisbrecher-Qualitäten anlaufen, etwa Spitzbergen, Norwegens größte und nördlichste besiedelte Insel, oder Grönland, die größte Insel der Welt.

»Eisklassen«-Zertifizierung

Wenn es hingegen in das Insel-Labyrinth der kanadischen Arktis, durch die Nordwest-Passage vom Atlantik in den Pazifik oder – noch weniger bekannt – durch die Nordost-Passage entlang der russischen Küste gehen soll, empfiehlt sich schon ein Schiff mit »Eisklassen«-Zertifizierung, sprich mit starkem Bug und anderen Verstärkungen. Die internationalen Klassen reichen von PC 1 (ganzjährig in allen Polargewässern) bis PC 7 (Sommerfahrt in dünnem einjährigem Eis).

Die Fahrten ins südliche Polarrevier führen meist von Ushuaia nahe der argentinischen Südspitze über die oft sehr stürmische Drake-Passage zur antarktischen Halbinsel, die neben eindrucksvollen Gletscherlandschaften

Physik fürs Farbfoto

Eisberge sind meistens strahlend weiß. Dabei ist Physik im Spiel: Wenn Wasser gefriert, schließt das Eis zahllose kleine Luftbläschen ein, in denen sich das Licht so mischt, dass daraus die weiße Farbe wird. Zur Freude der Eistouristen gibt es in den Eisbergen aber auch blaue oder sogar grüne Teile. Wieder gefrorenes Schmelzwasser bricht das Licht so, dass die blaue Farbe im Lichtprisma vorherrscht. Und grün sind Teile eines Eisbergs, der seine mit Algen bewachsene Unterseite nach oben gedreht hat.

auch historische Stätten und sogar einen »Badestrand« bietet: Auf Deception Island sprudelt nahe dem Ufer heißes Wasser in das kalte des Südpolarmeers. Aus dem lockeren schwarzen Vulkansand schaufelt die Crew dort eine kleine Badewanne für das ultimative »Südpolfoto«.

Passagiere erkunden im Schlauchboot einen Eisberg im Südozean.

Tierbeobachtungen (1)

Beeindruckende Erlebnisse

40

Alle Kreuzfahrer in arktischen Zonen eint eine Hoffnung: Sie wollen Eisbären sehen. Die größten Landraubtiere der Welt leben zwar rund um den Nordpol in (noch) großer Zahl, doch nicht immer glückt eine Begegnung mit diesen weißen Riesen. Gute Chancen haben Passagiere, die in Spitzbergen an Land gehen. Deshalb begleiten dort bewaffnete Wachen die Gäste. Auch Passagiere auf Fahrten durch die Nordwest-Passage berichten oft von Polarbären auf dem Eis. Die Brückenoffiziere entdecken die Tiere meist zuerst: »Eisbären voraus auf 13 Uhr!«, heißt es dann schon mal. In den letzten Jahren sind die Chancen aber gesunken, weil im Sommer immer weniger Eis auf dem Meer bleibt.

Braunbären am Ufer, gelegentlich auch Grizzlys, sind wiederum häufige Reisebegleiter entlang der Westküste Kanadas und Alaskas. Mit sehr viel Glück sieht man auf kanadischen Inseln auch einen ghost bear, auch spirit bear genannt, also einen weißen, mit Eisbären nicht direkt verwandten, genetisch speziellen Braunbären. Ansonsten ist es recht schwer, von der Reling aus Säugetiere an Land zu sehen. Das gilt selbst für Fahrten auf dem Amazonas.

Vielfältige Wildnis

Das großartigste Revier sind die zu Ecuador gehörenden Galapagos-Inseln, die eine urtümliche Tierwelt bewahrt haben. Weltweit einmalig sind auch die bis zu 2,6 Meter großen, gefährlichen Riesenwarane auf Komodo (Indonesien).

Bei Kotakinabalu auf der Insel Borneo (Malaysia) können Passagiere eine Urwald-Station besuchen, in der verwaiste Orang-Utans an ein Leben in der Wildnis gewöhnt werden. Die Menschenaffen sind genetisch zu 97 Prozent identisch mit Menschen.

Afrikas reicher Tierwelt kommt man bei Safaris in Wildparks an der Ostküste Südafrikas nahe.

Unweit von Darwin in Australien springen große Krokodile nach Fleischbrocken, die vom Touristenschiff an Angeln baumeln. Und auf Kangaroo Island in Südaustralien lassen sich nicht nur die Wappentiere des fünften Kontinents, sondern auch zahlreiche Koalas in der Wildnis beobachten.

Jeder will sie sehen: Eisbären (oben) und Komodowarane (unten)

Tierbeobachtungen (2)

Begegnungen unter Wasser

41

Delfine sind wohl des Seemanns liebste, weil Glück verheißende Reisebegleiter – auch viele Kreufahrer sehen das so. Aber Delfine sind nicht die einzigen Meeresbewohner, die sich für Menschen auf Schiffen (oder vielleicht auch nur für die Schiffe?) interessieren. Junge Wale surfen zwar nicht wie Delfine auf den Bugwellen, aber neugierig sind sie auch. Oft machen sie ein, zwei Luftsprünge, um Boot und Reisende zu beäugen. Selbst ältere Semester aus der »Wal-Verwandschaft« stecken schon mal das mächtige Haupt aus dem Wasser, um Übersicht zu gewinnen. Die meisten Bewohner der Tiefe machen sich jedoch davon, wenn die Motoren- und Schraubengeräusche näher kommen. Eine Gruppe Meeresbewohner gestaltet die Flucht sogar höchst anmutig:

Delfine sind oft neugierige Begleiter von Kreuzfahrtschiffen.

die »Fliegenden Fische«. Wenn sie meterweit über das Meer segeln, wirkt es fast wie eine Choreografie.

Andere tierische Schauspiele kann man nur genießen, wenn man selbst »untergeht«, beispielsweise nahe dem westaustralischen Kreuzfahrthafen Exmouth, am Ningaloo Reef, dem zweitgrößten Korallenriff Australiens. Hier sammeln sich zwischen Mitte März und Mitte Juli Walhaie. Die sanften Giganten, mit bis zu 18 Meter Länge die größten Fische der Welt, stört es offenkundig nicht, wenn ihnen Taucher und Schnorchler ganz nahe kommen. Teilweise überlappt sich die Visite der Whale Sharks mit den Buckelwalen, die hier (wie auf der ganzen Welt) jährlich zweimal zwischen den kalten und den warmen Zonen wechseln und dabei von Bord aus gut zu sehen sind. Walhaie gehören zwar zur großen Haifamilie, sind aber harmlos – im Gegensatz zum zweitgrößten Vertreter der Gattung, dem Weißen Hai. An zwei Orten kann man die gefährlichen Fische – von sicheren Käfigen aus – betrachten. Im südafrikanischen Gansbaai, der selbsternannten »Welthauptstadt des Weißen Hais«, liegt mit Kapstadt ein beliebter Kreuzfahrthafen in der Nähe.

Die größten Fische der Welt, die Walhaie, sammeln sich jedes Jahr vor Westaustralien.

Tierbeobachtungen (3)

42

Geflügelte Vertreter

Auch über dem Meer hat der Seemann treue Begleiter: Albatrosse symbolisieren die Seelen verstorbener Seeleute. Dennoch wurden die größten flugfähigen Vögel unserer Tage früher an Bord gerne verspeist. Bis heute gilt der Name als Ehrentitel für Kapitäne unter den Cap Horniers, den Männern, die unter Segeln das oft stürmische Kap Hoorn umrundet haben. Passagiere lieben die fotogenen Tiere mit den 3,5 Meter langen Flügelpaaren, die hauptsächlich auf der südlichen Halbkugel unterwegs sind.

Auch andere Vogelarten sind hier unbedingt noch zu nennen: Der auffälligste ist der Fregattvogel, überwiegend in den Tropen und Subtropen zu Hause. Der große Vogel (Spannweite bis zu 2,4 Metern) kann unglaubliche Flugmanöver fliegen. Das befähigt ihn, andere Vögel mit Beute im Schnabel zu attackieren und, wenn sie ihre Beute verlieren, diese noch im Flug zu fangen und zu verspeisen. Männliche Fregattvögel können für die Balz einen mächtigen roten Kehlsack aufblasen.

Ein weiterer Liebling ist der Papageientaucher (engl. *puffin*), der dank seines bunten Schnabels und seines wie geschminkt wirkenden Kopfes, seines »Frack«-Gefieders und seiner orangeroten Füße wie ein niedlicher Clown wirkt. Er ist vornehmlich im hohen Norden des Atlantiks anzutreffen.

Fräcke tragen zudem alle Pinguine, die überwiegend in den antarktischen Gewässern leben, wo ihre Kolonien eine Hauptattraktion sind. Vor allem die kleineren Arten trifft man aber auch in klimatisch wärmeren Zonen wie im Süden Australiens an. Auf Phillip Island – einem Kreuzfahrt-Ziel – ziehen die »Little Penguins« allabendlich, wenn sie von der See zu ihren Höhlen zurückkehren, mit ihrer »Parade« Hunderte Besucher an.

Antarktische Kaiserpinguine vor dem Expeditionscruiser *Bremen* (heute *Seaventure*)

Königliche Purzelbäume

Vom Hafen Dunedin sind es nur 30 Kilometer bis Tairoa Head auf der Otago Halbinsel. Dort liegt die weltweit einzige Brutstätte der Königsalbatrosse auf dem Festland (wenn man Neuseelands Südinsel so nennen darf). In dem Schutzgebiet brüten bis zu 140 Vögel. Vom Royal Albatross Center aus kann man beobachten, wie die exzellenten Flieger ihren stets stolpernden Start meistern und mit ihren drei Metern Flügelspannweite immer viel zu schnell zur Landung einschweben, die nicht selten kopfüber endet. Hier bewährt sich die Filmtaste am Handy sehr.

Weltreisen

43

In 377 Tagen um die Welt

Fernando Magellan gilt als erster Weltumsegler. Dieser Ruhm sei ihm dank vieler großer Seereisen vergönnt, auch wenn er 1521, nach Überquerung des Pazifiks, in den heutigen Philippinen ums Leben kam. Die Heimreise leitete Kapitän Juan Sebastián Elcano, der (mit seiner Restmannschaft) als Erster eine volle Runde um den Planeten schaffte. Der endgültige Beweis für die Kugelform der Erde war erbracht.

Pointiert gesagt war damit auch die Voraussetzung für die umfassendste aller Kreuzfahrten geschaffen: die »Weltumrundung« per Schiff. Es ist quasi die Hohe Schule der Kreuzfahrt – nicht zu verwechseln mit dem bei Katalog-Poeten beliebten Allerweltswort »Weltreise«, das auch Törns mit einschließt, die nur einen Teil des Globus abdecken. Eine »Weltumrundung« muss die drei Weltmeere durchqueren. Das war realistisch erst nach Eröffnung des Panamakanals 1914 möglich. Acht Jahre später legte Cunards *Laconia* in New York ab zu ihrem globalen 130-Tage-Trip mit Stopp in 22 Häfen. Einen Ehrenpreis verdient die Reederei Canadian Pacific,

Cunards *Laconia* brach 1922 zu einer Weltreise auf.

Bei Weltumrundungen mangelt es nicht an Seetagen.

deren *Empress of India* von Liverpool via Suez und Hongkong nach Vancouver dampfte. Dort stiegen die Passagiere in einen Zug mit Ziel Atlantikküste, um schließlich auf einen Dampfer nach England umzusteigen.

Heute bieten immer mehr Reedereien Weltumrundungen an, neben Pionier Cunard viele Unternehmen, die im amerikanischen Markt aktiv sind, etwa Princess, Holland-America, Crystall, Silversea, Viking, Regent oder Oceana. Auch die italienische MSC hat derartige Törns im Programm. Für Deutschland schippern AIDA und Phoenix um den Planeten. Den Deutschland-Rekord hält im Übrigen Hapag-Lloyd mit einer Weltumrundung in 377 Tagen.

Echte Weltreisen scheinen teuer, sind es aber oft nicht, wenn man den Reisepreis pro Tag errechnet und auch Gratisleistungen wie Internet, Wäschedienst oder Trinkgelder mit einkalkuliert. Nicht zu berechnen, aber gewiss stattlich ist der Prestigewert des »Einmal um die ganze Welt«.

Golf-Reisen

44

Boommarkt mit zahlreichen Angeboten

Golfen im Golf von Mexiko? Putten im Pazifik? Einlochen unweit von Loch Ness? Mit einem Cruise Liner sind nicht nur Alliterationen kein Problem. Die meisten Kreuzfahrthäfen haben in der Nähe Achtzehn- oder zumindest Neun-Loch-Plätze im Angebot. Und wenn nicht, bleibt immer noch der Golfsimulator, der auf vielen Urlaubsdampfern inzwischen zur Standardausstattung gehört und auf Knopfdruck die schönsten Plätze der Welt präsentiert.

Das ist allerdings nur eine Notlösung für die zahlreichen »Sammler«, die im Lauf ihres Golferlebens möglichst viele Fairways und Greens in möglichst vielen Ländern bespielen wollen. Auf Golf-Kreuzfahrten sind sie häufig anzutreffen – aus gutem Grund, denn so lässt sich die »Kollektion« besonders komfortabel erweitern. Beispielsweise beim Flutlichtgolfen in Dubai (TUI Cruises) oder vor »stark bebunkerten Grüns« in Wellington (Hapag-Lloyd). Die Planer der Reedereien haben richtiggehende »Golf-Pakete« zusammengestellt, die Greenfees, Abschlagzeiten, den Transport

Fischfutter-Golf

Früher gab es Kreuzfahrtschiffe, auf denen man echte Golfbälle (und Tontauben) ins Meer schießen konnte. Später wurden die Bälle (und Tontauben) aus gepresstem Fischfutter hergestellt. Heute sind solcherart Golf- (und Schieß-)Übungen auf See verpönt. Es gibt aber Golf-Simulatoren, die eine Driving Range vorspiegeln.

Übernachtung im Hafen von Dubai? Der Golfplatz ist dann hell erleuchtet.

zwischen Schiff und Platz und mehr bündeln. Auf guten Schiffen wird das Spielgerät nach Gebrauch auch gereinigt.

Mag die Golfwelle an Land auch ein wenig abgeebbt sein, Hochsee-Golf boomt eindeutig. Viele Schiffe sind mit Leihschlägern (auch für Linkshänder) ausgestattet und verfügen über einen Golflehrer an Bord. Oft ist es auch ein »Pro« und nicht der durchtrainierte junge Mann, der ansonsten die Gymnastikgruppe auf dem Oberdeck leitet. Die Frage nach der Qualifikation des bordeigenen Golf-Gurus ist für fortgeschrittene Golfer vor der Buchung durchaus zu empfehlen.

Musik-Reisen

45 Sinfonien mit Seegang

„Ich duze mich jetzt mit Udo«, erzählte der Schiffspastor stolz. Hoffentlich sagt ihm keiner, dass Udo Lindenberg jeden duzt, überall, also auch an Bord. Der Rockstar ist seit vielen Jahren ein Kreuzfahrt-Fan und hat die Branche auch um eine (zumindest für Europa) neue Gattung bereichert: Seine seit 2010 jährlichen »Rockliner«-Touren mit TUI Cruises sind stets binnen Kurzem ausgebucht. Womöglich hat Capitano Udo auch TUIs zweite Kreuzfahrt-Idee, die ebenso erfolgreichen »Full Metall Cruises« mit Heavy-Metal-Bands inspiriert; allerdings hatte TUIs Partner Royal Caribbean Cruises solche Fahrten schon zuvor in Florida gestartet.

Partytime – in der Kapitänsuniform steckt der Sänger Roberto Carlos.

Popmusikalisch sind die deutschsprachigen Schiffe eher auf Musical- und Schlagerkurs. Die Künstler haben zwar häufig ihren Zenith bereits hinter sich, aber immer noch große Namen. Gerade die Veteranen zeigen oft, dass sie auf der Bühne nichts verlernt haben. Anders ist es häufig bei den Heroen der klassischen Musik, die meist auch in späteren Jahren noch sehr gefragt sind und deshalb nur selten Cruise-Auftritte haben. Die meisten Reedereien setzen hier lieber auf den – oft enorm talentierten – Nachwuchs.

Für Sänger, Schauspieler und Instrumentalisten sind die Schiffe zumindest beim ersten Engagement gewöhnungsbedürftig. Bei Kreuzfahrten hat man sein Publikum vom Frühstück bis zum Schlummertrunk nahe um sich herum und wird auch gerne angesprochen. Manche Künstler lernen das aber zu schätzen. Schwerer tun sie sich damit, dass die Passagiere bei Veranstaltungen an Bord kommen und gehen, wie sie mögen. »Seerenaden« haben eben ihre eigenen Gesetze.

Garten-Reisen

46

Die Karibik ist ein Blumenmeer

Die »Meuterei auf der *Bounty*« hatte nicht unwesentlich damit zu tun, dass Captain Bligh Brotfruchtpflanzen von Tahiti in die Karibik bringen sollte. Wie das ausging, ist bekannt. Bligh hatte sicher nicht im Sinn, eine neue Art von Vergnügungsreise zu etablieren – heute gehören Kreuzfahrten mit

Die »Bäume« aus Stahl sind ein Wahrzeichen Singapurs.

Vogelfutter auf Martinique: der süße Blütensaft einer Ingwer-Pflanze

botanischen Themen dennoch zu den beliebtesten und manche Kabine ist kurz vor dem Zielhafen bestens bestückt mit Setzlingen und Samen. Alle stammen selbstverständlich nur aus den Souvenirshops, die fast alle Schaugärten haben. Oder?

Botanische Gärten rund um den Globus

Reedereien schätzen Gartenfreunde, weil sie sich in der Regel nicht mit einer botanischen Tour zufrieden geben, selbst wenn sie das Garten-Reiseziel Nummer eins in Europa, die Pracht der Britischen Inseln, gesehen haben. Während die Alte Welt mit zahlreichen Schlossgärten in fürstlichem Ambiente lockt, werden rund um den Globus Botanische Gärten vom Feinsten präsentiert. Die Karibik ist zu großen Teilen selbst solch ein Garten Eden, verteilt auf klangvolle Inseln. Drei Beispiele: Auf St. Lucia kann die Pflanzensafari sogar mit einem Bad in heißer Schwefelquelle verknüpft werden. Auf St. Vincent entstand schon im Jahr 1765 ein Botanischer Garten, einer der ältesten in Amerika. Und der Botanische Garten von Balata auf Martinique zeigt rund 3000 Arten tropischer Pflanzen. Die Karibik ist also quasi ein Blumenmeer.

In Singapur, einem der jüngsten großen Gärten, stehen sogar *supertrees*, riesige Stahlgestänge, die, wenn zugewachsen, eine besondere Landschaft bilden und sogar clevere Umwelttechnik verbergen. Wem das zu heiß ist, für den bietet sich Tromsø, knapp 350 Kilometer nördlich des Polarkreises in Norwegen, an. Hier werden arktisch-alpine Pflanzen gehegt und zu Zeiten, da die Cruise Liner dort hoch im Norden unterwegs sind, sogar von der Mitternachtssonne beschienen. Wirklich cool!

Foto-Reisen

47

Landgang mit Kamera

Wer an Bord eines Kreuzfahrtschiffs geht, wird schon am Fuß der Gangway genau betrachtet. Nein, nicht von den Sicherheitsleuten, die oben, am Ende der Gangway, oft diskret hinter dem begrüßenden Schiffsoffizier gruppiert stehen. Vielmehr stehen unten – schussbereit – die Bordfotografen für das obligatorische Foto zum Reisebeginn.

Auch wenn diese mehr oder minder gut ausgebildete Profis sind, kann man sie nicht mit den Fotografen vergleichen, die bei speziell ausgeschriebenen Foto-Reisen die Passagiere in die Kunst von Thema, Bildausschnitt und anderen Gestaltungselementen einführen. Fotografen, die sich in der Regel in ihrem Metier schon einen Namen gemacht haben, sei es mit Magazin-Reportagen, Ausstellungen in Galerien oder Bildbänden. An Seetagen besprechen sie die Theorie ihres Metiers und mit Motiven vom Bordleben die Praxis der Reisefotografie. Üblicherweise gibt es als eine der ersten Lektionen auch Einblicke in rechtliche Belange: Denn bloß weil man mit einer Person zufällig auf einem Schiff reist, ist das noch lange kein Freibrief, sie oder ihn zu fotografieren – Stichwort »Recht am eigenen Bild«.

Fotomodell Seelöwe: Die Tiere auf den Galapagos-Inseln sind keineswegs menschenscheu.

Schwerpunktthemen an Land

Zu den Fotokursen gehören außerdem gemeinsame Landgänge, oft mit mehreren Schwerpunkten wie Tierfotografie oder Zoomeinsatz. Als jüngstes Sujet wird bisweilen auch die Fotografie mit Drohnen angesprochen. Hier bleibt es aber bislang in der Regel bei der grauen Theorie, denn viele Länder oder Institutionen (etwa Hafenbehörden) erlauben den Einsatz fliegender Kameras meist erst nach Tagen bürokratischer Prüfung. Dann aber ist das Schiff längst in einem anderen Hafen. Krönender Abschluss der Fotokurse sind oft Ausstellungen der eigenen Werke an Bord. Großzügige Reedereien spenden zur Vernissage ein, zwei Gläser Sekt pro Teilnehmer.

Kulinarische Reisen

48

Mit Stars und Sternen

Der hochdekorierte Küchenmeister, der als Gastkoch an Bord des Luxusdampfers gekommen war, verhehlte seinen Ärger nicht. Seine kleinen Fischpasteten, offenkundig mit einer Art Aspik in Form gebracht, zerliefen in der Mittagshitze im Freiluftrestaurant binnen Minuten. Die Speise sah wahrlich nicht mehr appetitanregend aus, die Nachfrage war gering und der Applaus spärlich.
Doch das ist die Ausnahme, wenn Koryphäen der Küche in See stechen. Meist bestehen sie auch vor dem verwöhnten und anspruchsvollen Kreuzfahrt-Publikum mit Bravour. Es sind »Chefs«, die Michelin-Sterne am Revers tragen oder als TV-Köche Prominenz erlangt haben. Meist kommen sie für ein paar Tage an Bord und zelebrieren ein Galadinner und einen Lunch an einem Seetag. Es gibt aber auch festere Verbindungen, etwa mit Johann Lafer, der als »kulinarischer Botschafter« für TUI Cruises vielfältig im Einsatz ist, oder Tim Mälzer, »Gourmetpate« für AIDA Cruises in ähnlicher Form.

Die Kunst des Früchteschnitzens wird auf vielen Kreuzfahrschiffen ausgeübt – und gelehrt.

Hapag-Lloyd hat auf seiner *Europa* ein Restaurant als »The Globe by Kevin Fehling«, einem Hamburger 3-Sterne-Koch, umgewidmet. An gleicher Stelle hatte 3-Sterne-Kollege Dieter Müller bereits ein nach ihm benanntes Restaurant ein Jahrzehnt lang geführt. All diese Magier am Herd sind selbst zwar nur kurze Zeit am Bord, hinterlassen aber immer ein Mitglied ihres Teams, das dem guten Namen ihres Chefs gerecht wird.

Eine andere Form kulinarischer Reisen gilt oft besonderen Themen, etwa der asiatischen Küche. Hier suchen die Reedereien und Chefköche an Bord oft Partnerschaften mit lokalen Hotels, etwa in China oder Singapur. »Do it yourself« wiederum ist angesagt bei Kochseminaren in den Kochstudios, ohne die inzwischen kein großes Kreuzfahrtschiff mehr auskommt. Die Schulungen werden entweder vom Chef der Bordküche oder von Gastköchen geleitet.

Chef und Maître bei einer kulinarischen Bord-Show

Restaurants an Bord

Die Qual der Wahl

49

25 Jahre lang – bis 2018 – war die *Hanseatic*, seinerzeit das weltweit einzige 5-Sterne-Expeditionsschiff, für Hapag-Lloyd unterwegs. 184 Passagiere konnten mit ihr höchst komfortabel ins polare Eis oder in den Amazonas-Urwald vordringen. Dabei hatte die schmucke Hanseatin, wie damals in der Schiffsklasse durchaus üblich, nur ein Restaurant. Die Crew verwandelte allerdings die Lounge für einige Abende in stilvoll dekorierte Spezialitäten-Restaurants … Abwechslung erfreut.

Die *Hanseatic* (heute als *RCSG Resolute* in neuseeländischen Diensten) wurde damit zum Vorreiter eines Trends: Heute haben selbst kleinere Kreuzfahrtschiffe mindestens zwei Restaurants. Die drei Nachfolger, die Hapag-Lloyd jetzt unter der *Hanseatic*-Signatur für jeweils 230 Passagiere maximal betreibt, führen sogar je drei Restaurants. Die größten Kreuzfahrtschiffe der Welt (die *Oasis*-Flotte von Royal Caribbean) haben bis zu 22!

Generell ist die Verpflegung auf Kreuzfahrtschiffen im Preis inbegriffen. Doch auf nahezu allen großen Schiffen gibt es immer mehr Spezialitäten-Restaurants, die einen Aufpreis verlangen – selbst auf Schiffen, die mit All-inclusive-Preisen werben (etwa TUI Cruises) – in der Regel gilt das nur für die Hauptrestaurants.

Flexibilität ist in

Eîn weiterer kulinarischer Trend: Die einst starren Essenszeiten mittags und abends, oft sogar mit zwei Durchläufen, weichen zunehmend einer Zeitspanne, in der die Gäste flexibel speisen können. Damit endet

Aufpreis für Würstchen

Auf vielen Royal-Caribbean-Schiffen gibt es Hamburger der US-Kette Johnny Rockets. Sie waren zunächst, wie deren Hotdogs auch, im Reisepreis inbegriffen. Schließlich kosten Hackfleisch und Würstchen nicht viel. »Von wegen«, verriet einst der Hoteldirektor des damals größten Schiffs der Welt: »Die Hamburger-Buden sind für uns die teuersten Bistros. Jeden Burger, jeden Hotdog müssen wir von der Kette beziehen.« Er dachte damals bereits über einen Aufpreis nach … heute ist er fällig.

Das Hauptrestaurant der *Spectrum of the Seas*: Prunkvolle Speisesäle sind Tradition.

meist auch die feste Sitzordnung, bei der den Gästen zu Reisebeginn Plätze zugewiesen werden. Mit mehreren Restaurants ist das nicht mehr nötig. Übrigens: Die Regel »abends bitte Jackett und Schlips« ist auf den meisten Schiffen sogar noch länger Geschichte – mit einer Ausnahme: Cunard erbittet für den Abend *smart attire*, sprich Jackett statt Normalo-Jeans. Für Galaabende sollten Herren zumindest eine Krawatte tragen. Wer nach wie vor unsicher ist: Cunard zeigt auf seiner Website bebilderte Vorschläge für Damen und Herren.

Lieblingsspeisen

50

Am liebsten wie zu Hause

Kreuzfahrt-Passagiere essen unterwegs gerne das, was sie auch zu Hause oft auf dem Tisch haben. So zumindest lautet das (nicht repräsentative) Fazit vieler Gespräche mit Chefköchen auf See. Lieblingsspeisen sind geprägt von der Heimat der Passagiere. Wenn viele Südeuropäer an Bord sind, wird mediterrane Kost nachgefragt, Briten freuen sich über Fish & Chips und Lammkoteletts, Amerikaner über Steaks, deutschsprachige Passagiere über deftige Hausmannskost … »Zumindest nach ein paar Tagen. Anfangs wird schon mal weniger Vertrautes probiert, auch Gerichte, die man sich daheim vielleicht nicht leisten würde«, hieß es auch in einem Gespräch. Der absolute Renner auf vielen Kreuzfahrtschiffen ist allerdings Reis – vor allem dank der großen

Mengen, die von der Crew verputzt werden, oft Männer und Frauen von den Philippinen oder aus anderen asiatischen Ländern: »Wenn der Reis ausgeht, droht Meuterei.«

Mal mehr, mal weniger

Noch eine weitere Beobachtung teilen die Männer und Frauen, die dank langjähriger Erfahrung wissen, wie sich ihre Gäste verhalten: In den ersten drei Tagen wird in der Regel sehr viel gefuttert, ohne Rücksicht auf die Taille – die Freude über die reich gedeckten Tische ist groß. Dann gehen die Mengen zurück, zunehmend werden auch leichtere Speisen bestellt. Gegen Ende der Reise steigen die Mengen aber wieder spürbar an, schließlich: bezahlt ist bezahlt. Und je näher der Zielhafen kommt, umso kräftiger wird der Applaus – nicht für den Mann mit den vier goldenen Streifen, sondern für seinen Kollegen mit der hohen weißen Mütze.

Die Patisseurs zählen an Bord zu den größten »Verführern«.

Kreuzfahrt-Bars

51

Der Roboter serviert Sex on the Beach

Wie wäre es mit einem Screwdriver? Oder Sex on the Beach? Die klassischen Cocktails sind sehr beliebt an den Cruise-Liner-Bartheken – sehr zur Freude der Reedereien. Denn die Bars sind wichtige Umsatzbringer, zumal die Preise, zumindest auf amerikanischen Schiffen, oft höher sind als an Land, obwohl die Schiffe zollfrei einkaufen. Ziviler kalkulieren deutsche Schiffe die Getränkepreise. Warum viele Unternehmen sie allerdings fast als Geheimsache behandeln, ist unverständlich. Eine Ausnahme ist Phoenix Reisen; die Bonner Reederei veröffentlicht die Preise der meistbestellten Drinks sogar in ihren Katalogen – mit gutem Grund: Bei Vergleichen sind deren Preise oft die günstigsten.

Roboter mixen die Drinks auf der *Harmony of the Seas.*

Wegen der interessanten Profite, aber auch zur Profilierung investieren amerikanische Reedereien kräftig in Bar-Innovationen, vorneweg Royal Caribbean mit Robotern als »Barmännern« und Bars, die langsam wie ein riesiger Fahrstuhl über vier Decks aufsteigen. Norwegian Cruise Lines punktet mit Bars ganz aus Eis. Carnival wiederum hat Bars, die Apotheken nachempfunden sind und in denen »heilsame Cocktails« mit Kräutern und anderen unüblichen Ingredienzien zusammengerührt werden.

Weit verbreitet sind heutzutage auch Bars, die sich besonders einem Getränk widmen, etwa Whisky, Gin oder Wein. Oceania Cruises offeriert als Besonderheit Silver-Trident-Weine aus dem Napa Valley – das Gut gehört einem Mitgründer der Reederei. Disney Cruises erprobt eine pinkfarbene Bar, die selbstverständlich einen pinkfarbenen Champagner ausschenkt, der eigens für Disney von Taittinger in Frankreich gekeltert wird. Und auf Carnival-, aber auch AIDA-Schiffen finden sich kleine Brauereien, die an Bord verschiedene Biere herstellen.

Die *AIDA Blu* macht ihr eigenes Bier in der weltweit ersten Hochsee-Brauerei.

Kabinen

52

Bye-bye, Bullauge!

Modern Style: große Fenster im Bullaugen-Design

Seebären nennen sie »Kammer« oder, wenn sie nur ihre Lagerstatt meinen, »Koje«. Unter Kreuzfahrern ist hingegen »Kabine« gebräuchlich – oder »Suite«, wenn Wohn- und Schlafbereich getrennt sind (Werbepoeten bezeichnen Kabinen sogar als Suiten, wenn nur ein Vorhang Bett und Sofa trennt). Die meisten Kabinen auf See sind für zwei Personen ausgelegt.

Die preiswerten Innenkabinen haben keine Fenster (auf modernen Schiffen dafür manchmal Bildschirm-Fenster mit digitalem Wellengang). Auf Maxi-Linern haben Innenkabinen oft einen Blick auf die Promenade, die sich mittschiffs mit Shops und Pubs über fast die ganze Längsachse des Schiffes zieht.

Kabine auf dem Expeditionsschiff *Hanseatic nature* der Hapag Lloyd Cruises

Außenkabinen »mit eingeschränkter Sicht« bieten einen Blick auf die Rettungsboote. Nur auf älteren Schiffen gibt es noch Kabinen mit »Bullaugen«, sprich kleinen, runden Fenstern. Zum Standard sind inzwischen Balkonkabinen geworden, die Frischluft liefern, aber während voller Fahrt oft recht windig sind.

Die Standardausstattung

Schon länger sind eigene Bäder in allen Kabinen Standard, und je neuer die Schiffe sind, desto geräumiger werden diese. In den ersten Nasszellen musste man hingegen noch die Tür öffen, um sich umzudrehen. Die Kabinen werden in der Regel jeden Tag gereinigt. Dennoch bringen viele Passagiere antiseptische Tücher mit, um Teile der Kabine, etwa Türklinken oder den Zimmersafe, zu desinfizieren. Und für die TV-Fernbedienungen haben sie Plastiktüten mit Klippverschluss.

Zur Ausstattung gehören außerdem kleine Kühlschränke, die mit meist hochpreisigen Getränken gefüllt sind. Auf Luxusschiffen ist der Inhalt in der Regel im Reisepreis inbegriffen. Passagiere, die nur ein kulinarisches Souvenir kühl aufbewahren wollen, sollten ein paar Cola-Büchsen oder die Piccolo-Flasche sichtbar auf ein Regal stellen, sonst werden die Getränke berechnet.

Typischer Kabinengang – nur die Farben und das Teppichmuster ändern sich.

Hört, hört!

Der Bordklatsch bestätigt es immer wieder: Die Wände zwischen den Kabinen sind zwar nicht hauchdünn, aber auch nicht völlig schalldicht. Das gilt es immer zu beachten, sei es beim TV-Lautstärkeregler oder beim Familienkrach – und auch bei der Familienplanung!

Suiten

53 Betten zum Preis einer Luxuslimousine

Gut 9000 Euro für eine Kreuzfahrt? Ja, das ist ein hoher Preis, aber nicht unglaublich, wenn man in einer Suite der *Regent Seven Seas Explorer* reist. Allerdings ist das nur der Tagessatz, was den Kreis der potenziellen Passagiere wohl deutlich einschränken dürfte. Doch vielleicht gilt auch auf der *Regent Seven Seas Explorer* die Faustregel: Die teuersten Suiten gehen immer am schnellsten weg. Schließlich bekommt der Gast etwas für sein Geld: Die *Regent*-Suite bietet mehr als 400 Quadratmeter Auslauf, einen Butler, eine stets wohlbestückte Bar … und Betten, die pro Stück angeblich rund 135 000 Euro kosten.

Für jeden Bedarf

Alle großen Schiffe und natürlich auch die Schiffe der Luxusklasse haben solche Top-Suiten, die gerne für die Werbung der Reedereien genutzt werden. Abgesehen davon sind die üblichen Suiten an Bord vieler Schiffe aber sehr unterschiedlich ausgestattet, denn jede verspricht höheren Umsatz. Grundsätzlich unterscheidet die Branche zwischen Junior Suiten, Suiten und Familien-Suiten. Letztere etwa sind weniger auf Luxus als auf Gäste mit Kindern ausgelegt und haben in der Regel zwei Räume. Junior Suiten sind etwas größer als die Durchschnittskabinen, auch teurer als diese, genießen aber nur einen Teil der Privilegien für Suiten-Passagiere, etwa den Zugang zu speziellen Lounges und Swimmingpools.

Früher hatten Kreuzfahrtschiffe nur wenige Suiten, die in der Regel auf dem obersten Passagierdeck angesiedelt waren, auf den Mega-Linern heute sind sie über mehrere Decks verteilt. Mittlerweile gibt es schon Klagen von Suiten-Passagieren, die im Massenbetrieb nicht mehr genug persönliche Aufmerksamkeit erhalten – die Finanzexperten der Reedereien sind schließlich immer auf der Suche nach Einsparmöglichkeiten. Der Weg zur »Volkssuite« scheint vorgezeichnet …

Kinder-Suite auf der *Spectrum of the Seas* der Reederei Royal Caribbean (RCL)

Decks

54

Von unten nach oben

Selbst Kreuzfahrt-Novizen kennen das Wort »Deck«, die maritime Bezeichnung für »Etage«. Nach den Decks werden die Kabinen gegliedert, was in den Katalogen und im Internet der Reedereien deutlich wird. Gezählt wird immer von unten nach oben, wobei die untersten Decks stets der Technik (Maschine, Tanks usw.) und den Lagerräumen vorbehalten sind. Darüber liegen die Kabinen der Crew, die sich heutzutage meistens zu zweit eine Kabine teilen (nur höhere Mannschaftsränge haben Einzelkabinen). Auf dieser Ebene ist gerne auch das Hospital untergebracht – wer will schon im Urlaub an Krankheiten erinnert werden, wenn es nicht sein muss.

Wiederum darüber befinden sich die Passagierkabinen, wobei sich die Nummer des Decks oft nur an den Kabinennummern erkennen lässt, weil das Reederei-Marketing sich Namen wie Atlantik- oder Pazifikdeck und Ähnliches ausgedacht hat.

Zwar sind alle Schiffe unterschiedlich, aber die Rezeption liegt oft im unteren Drittel der Decks, damit die Gangway zum Ein- und Aussteigen nicht zu lang wird. Nahe beim Empfang sind außerdem Shops, Restaurants und der Touristikschalter für Ausflüge und Transfers angesiedelt. Die Restaurants finden sich hier in der Regel im Heck.

Balanceakt: der »Flowrider« auf der *Independence oft he Seas*

Pool-Party – eine typische Veranstaltung auf dem Oberdeck

Das größte offene Deck birgt den oder die Swimmingpools, einer ist oft mit einem beweglichen Dach gegen Regenschauer versehen. Mindestens eine Pool-Bar, meist auch ein Al-Freco-Restaurant (Freiluft) ergänzen den Pool. Die oberen Decks unterscheiden sich ansonsten bei den Megaschiffen sehr stark, gilt es doch, hier die gigantischen Wasserrutschröhren, Kletterwände (am Schornstein), die Gokart-Bahn und anderes Vergnügungsgerät unterzubringen. Grundsätzlich gilt die Faustregel: Je höher das Deck, desto höher der Preis (und nicht immer ist ersichtlich, warum). Andererseits: Will nicht jeder nach oben?

Zahlensymbolik

Suchen Sie Deck 13? Das gibt es nicht, zumindest nicht bei AIDA und TUI, Carnival und Celebrity. Auf die 12 folgt gleich die 14. Royal Caribbean hingegen verzichtet auf Deck 13 nur, wenn dort Passagierkabinen untergebracht sind. Auch die italienische Reederei Costa hat kein 13. Deck, dafür aber ein Deck 17. Beim ebenfalls italienischen Unternehmen MSC ist es genau umgekehrt … in Bella Italia ist nämlich die 17 eine Unglückszahl.

Die große Bühne

Tonnenweise Theatertechnik

55

Als der visionäre Reeder (und spätere Pleitier) Peter Deilmann seine *Deutschland* im Jahr 1998 auf große Fahrt schickte, prunkte das neue Luxusschiff mit einem über zwei Decks reichenden »Kaisersaal«. Das war zumindest für den deutschen Markt neu und bot die Möglichkeit, große Shows zu zeigen – fast wie in Amerika. Heute ist eine solche Bühne Standard auf neueren Schiffen und bietet den passenden Rahmen für große Musical- und Show-Programme.

Und wo es früher nur wenige akustische Effekte und eine bescheidene Lichtregie gab, bei der Crew-Mitglieder eigenhändig die Spotlights für die Künstler führten, sind heute vollelektronische Programme die Regel. Riesige digitale Bildschirmwände ersetzen althergebrachte Kulissen, und die gesamte Bühnentechnik kann manch kleines Theater an Land neidisch machen. Eine Firma aus Wien, nach eigenen Angaben Weltmarktführer, hat bereits 35 Kreuzfahrtschiffe mit aufwendiger Theatertechnik ausgestattet: Waagner-Biro hat dabei 2137 Tonnen Stahl verarbeitet. Die Österreicher arbeiten oft mit Meyer in Papenburg zuammen, einer der weltbesten Werften für Cruise Liner.

Magie des Bühnenbildes dank ausgefeilter Theatertechnik

Die Bibliothek

56

Neue Konzepte auf dem Prüfstand

Bildbände zählen zu den Favoriten in den Bordbibliotheken.

Ein Seetag ohne Buch ist wie ein Tresen ohne Zapfhahn. Deshalb haben alle Hochsee-Kreuzfahrtschiffe auch eine Bibliothek, wenngleich nicht alle diesem ehrwürdigen Namen Rechnung tragen. Zwei Tische, an denen Teenies die Bildschirme umlagern, ein paar Handvoll zerlesener Taschenbücher und ein altes Apothekermagazin verscheuchen zuverlässig alle Bibliophilen.

Glücklicherweise haben in jüngster Vergangenheit viele Reedereien den Büchereien wieder mehr Aufmerksamkeit geschenkt. Das ist vermutlich den guten Kritiken für die Cunard-*Queens* und ihre sehr guten doppelstöckigen *libraries* zu verdanken. Rund 6000 Bände sollen dort im edlen Club-Ambiente versammelt sein, und dank einer kleinen Buchhandlung ist auch ein kundiger Buchmensch anwesend. Cunards Erben haben sich damit ein Markenzeichen aufgebaut.

Einige amerikanische Linien erproben auf einzelnen Schiffen auch neue Bibliothekskonzepte. Die Holland-America-Line etwa ist eine Kooperation mit der *New York Times* eingegangen, die Bibliothek ist zugleich ein Café. Auf der *Carnival Breeze* erprobt der Konzern eine »Library Bar« – Bücher neben dem Weinautomaten. In Deutschland ist TUI Cruises auf einigen Schiffen mit verschiedenen Novitäten aktiv, darunter Büchereien, gekoppelt mit einer Buchhandlung, mehreren Zeitschriften und den Krimi-Autoren im »Syndikat«.

Im Kino

57

Kreuzfahrten auf der Leinwand

Hollywood hat schon früh Ocean Liner als attraktive Kulisse entdeckt. Bereits 1939 entstand der Film »Love Affair« (»Ruhelose Liebe«) mit Charles Boyer, ein Melodram, das auf einer Atlantik-Überfahrt beginnt. 1957 kam eine ebenfalls erfolgreiche Neuauflage in die Kinos: »An Affair to Remember« (»Die große Liebe meines Lebens«) mit Deborah Kerr und Cary Grant. Letzterer verliebte sich später übrigens auf der *Queen Mary* in seine dritte Ehefrau.

Ein anderer Hollywood-Erfolg aus dem Jahr 1953 spielt ebenfalls auf einem Atlantik-Liner: »Gentlemen Prefer Blondes« (auf Deutsch »Blondinen bevorzugt«) mit Marilyn Monroe und Jane Russell. In der Liebeskomödie singt Monroe ihren größten musikalischen Hit: »Diamonds Are a Girl's Best Friend«.

Was passiert, wenn drei alte Damen eine Kreuzfahrt machen wollen …

Drei alte Damen

»Jetzt oder nie – Zeit ist Geld« aus dem Jahr 2000 ist eine deutsche Krimikomödie, in der der Lebenstraum dreier alter Damen, eine Luxus-Kreuzfahrt, platzt, weil sie bei ihrer Bank ausgerechnet zu dem Zeitpunkt das Geld für die Reise einzahlen wollen, als diese überfallen wird. Worauf das liebenswerte Trio beschließt, selbst eine Bank zu überfallen …

Genrewechsel: Auch die Kassenschlager der 70er-Jahre, Katastrophenfilme, begannen auf See –in der »Höllenfahrt der Poseidon« etwa treibt ein Passagierdampfer kieloben im Mittelmeer. Kreuzfahrten spielten damals allerdings noch keine große Rolle: Das änderte sich 1997, als der bislang wohl erfolgreichste Kreuzfahrt-Film die Kinokassen füllte. Jack Lemmon und Walter Matthau mimten in »Out at Sea« (»Tango gefällig?«) zwei »Gentleman Hosts«, die auf einem Cruise Liner mit den Damen tanzten. Diese Profession gibt es auf einigen amerikanischen Schiffen immer noch, und Hapag-Lloyd hat sie für einige Zeit auch in Deutschland wiederbelebt (s. S. 48).

Tango gefällig? Walter Matthau im Eintänzer-Einsatz

In der Literatur

Mord, Liebe und Satire

58

Die Kreuzfahrt hat quasi neue Gattungen populärer deutschsprachiger Literatur geschaffen: Die Liste unterhaltsamer Romane, die auf Urlaubsschiffen spielen, wächst von Jahr zu Jahr. Meist handelt es sich dabei um Liebesromane oder Krimis, bisweilen ist es auch eine Kombination von beiden. Als dritte Kategorie sind Satiren zu nennen, beispielsweise »Ein Traum von einem Schiff«, in dem der mäkelige Schauspieler Christoph Maria Herbst seine bisherigen Erfahrungen bei Dreharbeiten für die TV-Traumschiff-Serie mäßig lustig schildert.

Zwischenüberschrift

Auch der bislang ambitionierteste Versuch, Literatur und Kreuzfahrt zusammenzubringen, endete als Satire (»In 180 Tagen um die Welt«). Hapag-Loyd hatte 2006 den Autor Matthias Politycki als ersten »Schiffsschreiber« zu einer Weltreise eingeladen … danach wurden keine weiteren an Bord gebeten.

Bestsellerautorin Hera Lind auf Lesereise an Bord

Stattdessem werdem von den meisten Reedereien regelmäßig Autoren zu Literatur-Festivals auf See oder zu Lesungen eingeladen. Die erfolgreichste, wenngleich auch folgenreichste Lesereise hat Bestsellerautorin Hera Lind auf die *Deutschland* geführt, wo sie sich heftig in den Hoteldirektor verliebte. Unter klatschsüchtiger Anteilnahme der Nation trennte sie sich von ihrem Lebensgefährten und den gemeinsamen vier Kindern. Ihr Krimi »Mord an Bord« war eine weitere Folge dieser Seefahrt, eine angeblich glückliche Ehe mit dem Hotelier eine dritte.

TV-Serien

59

Vom »Love Boat« zum »Traumschiff«

Ein Spötter hat die »Traumschiff«-Folgen im Fernsehen einmal als »Dauerwerbung für die Kreuzfahrtbranche« bezeichnet, und da ist was dran. Der enorme Anstieg der Urlauber auf See und die von Jahr zu Jahr wachsende

Die TV-Crew anno 1981: Günther König, Sascha Hehn (l.) und Heide Keller

Zahl von Luxuslinern in Europas Häfen ist eine Erfolgsgeschichte, an der das maritime Zuckerguss-Fernsehen gewiss seinen Anteil hat. Ähnlich war es in den USA, die mit dem »Love Boat« auch das Vorbild für den hiesigen Markt lieferten. Letzteres stach 1977 erstmals in See, und 1987 machte es, legendenumwoben, zum letzten Mal fest – auf einem Ehrenplatz im amerikanischen TV-Museum.

Deutsche TV-Dampfer

Das »Traumschiff« lief 1981 beim ZDF vom Stapel und ist immer noch in (gerne sehr exotischen) Gewässern unterwegs, vorzugsweise zu Weihnachten, Neujahr und Ostern. Selbst die Wiederholungen sind sichere Quotenbringer. Gedreht wurde seit Beginn vor vier Jahrzehnten auf fünf Schiffen: der *Vistafjord* (2017 abgewrackt), der *Astor* (in Salamis aufgelegt), der *Berlin* (für FTI im Einsatz), der *Deutschland* (im Winter schwimmende Uni in den USA, von Mai bis September für Phoenix Reisen unterwegs) und aktuell auf der *Amadea* (Phoenix).

Traumschiff-Chefhostess Heide Keller auf der Frankfurter Buchmesse

Auch die Kern-Besatzung (Kapitän, Bordarzt, Chefhostess) wurde des Öfteren ausgewechselt. Chefhostess Beatrice, gespielt von Heide Keller, repräsentiert dabei ein eigenes Stück deutscher Fernsehgeschichte: Sie war als einzige Darstellerin von der ersten Folge der Reihe an dabei, bevor sie 2018 schließlich von Bord ging.

VEB-Traumschiff

»Zur See« ist eine neunteilige Serie des DDR-Fernsehens über das Leben auf einem Frachter, in der nahezu alle bekannten Schauspieler des Landes auftraten. Die Sendung hat den »Erfinder« des »Traumschiffs«, den Produzenten Wolfgang Rademann, nach eigenen Worten zu seinem TV-Dauerbrenner inspiriert. Ein verdientes Kompliment, wenn auch das »Love Boat«-Schnittmuster deutlich spürbarer ist.

Dreharbeiten

60

20 Prozent »Traumschiff«-Rabatt

Das aktuelle Traumschiff ist die *Amadea* der Phoenix-Reederei.

Komparsen sind zwar die unterste Kaste im Film- und Fernseh-Business, aber jeder weiß: Ohne sie lassen sich manche Szenen – gerade bei knappem Budget – nicht darstellen. Bei den Dreharbeiten für das »Traumschiff« sind die meist stummen Helfer aber auch aus einem anderen Grund wichtig: Je mehr zum Filmteam gehören, desto weniger Passagiere knurren, wenn wieder einmal ein Teil des Sonnendecks für Dreharbeiten abgesperrt ist. Viele freuen sich sogar, wenn sie ein wenig mitmachen und später bei der Ausstrahlung der Sendung stolz auf ihren Auftritt im Hintergrund verweisen können.

Nicht so ein Rentnerpaar aus Berlin. Auf seiner zwanzigsten Kreuzfahrt im Jahr 2015 geriet es »ahnungslos«, wie sie sagten, »unter die Filmleute«. Die beiden hatten nicht mitbekommen, dass ihr Schiff, die *Amadea* von Phoenix Reisen, die neue Heimstatt der ZDF-Schmonzette geworden war. Nun vermasselten ihnen der Lärm der Filmemacher und manche Absperrungen auf Deck das Urlaubsvergnügen. Juristen nennen das »Reiseminderung«, und mit dieser Klage zogen die beiden Urlauber vor Gericht und forderten Entschädigung. Die Richter waren auf ihrer Seite. Sie sagten, die Passagiere seien vorab nicht informiert worden. Der Verweis der Reederei auf Medienberichte über das damals neue Traumschiff sei, so die Justiz, keine ausreichende Unterrichtung der Fahrgäste. Ihr Urteil: 20 Prozent Erstattung für zwölf Drehtage während der 16-tägigen Fernreise, insgesamt 1022,76 Euro (AZ: Amtsgericht Bonn 101C 423/15).

Reiserecht

61

Streitfälle vor Gericht

»Vor Gericht und auf hoher See ist man in Gottes Hand.« Selten ist diese Volksweisheit passender als bei Rechtsstreitigkeiten über Kreuzfahrten. Ein juristisches Nischenthema ist es aber keineswegs bei mittlerweile mehr als zwei Millionen Buchungen pro Jahr allein in Deutschland. Es gibt zwar Rechtsgrundlagen, aber angesichts sehr unterschiedlicher Lagen im Einzelfall – ob Wetter, Technik oder Behörden in aller Welt – muss fast jeder Fall einzeln bewertet werden. Als Grundlagen dienen, da Seereisen stets Pauschalreisen sind, das Bürgerliche Gesetzbuch (§ 651a) und die EU-Fahrgastrechte im See- und Binnenschiffsverkehr.

Im Einzelfall sind bereits vorhandene Urteile wichtig. Anwälte, die sich auf Reisefragen spezialisiert haben, orientieren sich an entsprechenden Urteilssammlungen. Geprüfte Fachanwälte, wie es sie für andere Rechtsgebiete gibt, kennt das deutsche Recht für Seereisen derzeit noch nicht.

Hollywoods Gerichtsfilm-Richterinnen haben mehr mit Mord zu tun, …

… aber auch auf Kreuzschiffen passiert gelegentlich Gerichtsnotorisches.

Kinderlärm gilt nicht als Mangel

Fast immer geht es bei Auseinandersetzungen im Reiserecht um die finanzielle Erstattung von Mängeln aller Art. Dafür gibt es Tabellen, die auf früheren Urteilen beruhen. Der Würzburger Rechtsanwalt und Dozent für Reiserecht Kay P. Rodegra hat die »Würzburger Tabelle« angelegt, die im Internet gratis heruntergeladen werden kann. Auch der ADAC kann Auskunft geben.

Einige Besonderheiten für Kreuzfahrten sind, wenn keine anderen Umstände vorliegen, geregelt. Passagiere haben zum Beispiel schiffstypische Geräusche (Maschine, Anker etc.), aber auch Kinderlärm im Buffetrestaurant hinzunehmen. Seekrankheit gilt ebenso wenig als Reisemangel wie schlechtes Wetter oder hoher Seegang. Routenänderungen und der Ausfall von Häfen, die im Katalog verheißen worden waren, gelten hingegen oft als Reisemangel, ebenso die Unterbringung in einer nicht vereinbarten Kabinenkategorie. Auch die automatische Abbuchung von Trinkgeld ist, wie bereits erwähnt (s. S. 55), ein Mangel, selbst wenn der Reisende dies per Intervention am Serviceschalter ändern kann.

Bei Entschädigungssummen legen die Richter in der Regel den »Tagesreisepreis« zugrunde, also den auf den Tag umgerechneten Anteil am Gesamtpreis. Auch dazu gibt es Faustregeln: Für verlorenes oder verspätet eingetroffenes Gepäck werden zum Beispiel bis zu 50 Prozent dieser Tagessätze fällig. Reiserechtler raten allgemein dazu, vor Reiseantritt die Rechtsschutzversicherung im Hinblick auf Kreuzfahrten zu überprüfen.

Pleite des Veranstalters

Die Heimreise ist sicher

62

Kreuzfahrten sind Pauschalreisen, und Pauschalreisen dürfen in Deutschland nur mit einem Sicherungsschein verkauft werden. Damit sichert eine Versicherung die Anzahlung auf die Reise, wenn der Reiseveranstalter vor Beginn der Kreuzfahrt insolvent wird. Der Sicherungsschein übernimmt auch die Kosten für den Rücktransport der Reisenden vom Zielort ihrer Kreuzfahrt, wenn der Reiseveranstalter den bei ihm gebuchten Rückflug nicht mehr liefern kann. Allerdings muss der Passagier in einem solchen Fall den Rücktransport selbst organisieren; das gilt auch für eine notwendige Unterkunft.

Einige Kreuzfahrt-Reedereien sind schon finanziell havariert.

Diese Kostenübernahme gilt aber nur für Reisen, die mehrere Leistungen (im Branchen-Sprech »Bausteine« genannt) bündeln. Wer hingegen nur eine Seefahrt gebucht hat, beispielsweise eine Fährüberfahrt ohne im Preis eingeschlossene Zusatzleistungen wie etwa Mahlzeiten oder Kabinen, ist nicht in dieser Weise abgesichert. Der Sicherungsschein deckt darüber hinaus auch keine anderen Reiseschäden, etwa das Gepäck betreffend, ab.

Das Kursangebot

63

Überraschend vielfältig

Malkurse zählen seit Langem zu den beliebtesten Lehrgängen auf See.

Der Captain, ein zwischen Arktis und Amazonas gegerbter Seebär, traute seinen Augen nicht. Ein Workshop über »Mode, Stil und Farbe«? Auf seinem Expeditionskreuzer? Und der Raum war voll! Die Stilberaterin, eine junge Australierin, hatte vorgeschlagen, jeder könne ein Kleidungsstück mitbringen, und fast alle Damen im Saal nutzten diese Möglichkeit zur Beratung, Einige hatten zwar keinen Gatten, aber doch sein Jacket mitgebracht.

Die Vielfalt der Seminare, die den Passagieren auf Kreuzfahrtschiffen angeboten wird, ist überraschend: ob Brauerei-Lehrgang, den man nach ein paar Stunden als »zertifizierter Brauer« verlässt, oder eine Ex-Boxweltmeisterin, die Fitness lehrt; ob Bestsellerautorin, die bislang unentdeckten Kreativen Schreibtipps gibt, oder preisgekrönter Küchenmeister, der mit seinen Teilnehmern ein Fine-Dining-Menü zum Nachkochen einübt. Im Hobbyraum wird die vom Vergessen bedrohte Kunst des Hutmachens praktisch erarbeitet und erntet später großen Applaus bei einer sogenannten »Hut Couture«-Schau. Die früher auf Kreuzfahrtschiffen allgegenwärtige Kultur der Seidenmalerei ist einem Malkurs mit Sprayfarben gewichen. Und selbst der gute alte Cocktail-Mixkurs lebt fort – nun unter der Bezeichnung »Ginspiration« mit zwölf Gin-Sorten aus aller Welt. Ein renommierter Lichtbildner leitet seine Fotonovizen zur »Fotokunst per Handykamera« an, und wer die perfekte Masche sucht, kann mit (vorwiegend amerikanischen) Nadel-Freundinnen (Männer sind hier seltener dabei) auf Strick-Kreuzfahrt gehen.

64

Die Bord-Boutique

Shopping als Wachstumsmarkt

Auf älteren Kreuzfahrtschiffen findet man sie noch gelegentlich: Kioske, die Zahnbürsten, Süßigkeiten, T-Shirts sowie Postkarten verkaufen und gerne etwas hochtrabend »Bord-Boutique« genannt werden. Den Namen gibt es noch, die Waren auch, aber in Schubladen verborgen. Die bescheidene Einkaufszeile, die heute unter »Shoppingwelt« oder so ähnlich firmiert, ist als Profitcenter entdeckt worden.

Ein Beispiel ist die Reederei MSC, die ihrem Bordverkauf einen großen Auftritt auf der Internetseite gönnt, getrennt nach Uhren und Schmuck, Duty-Free-Waren, Mode und Accessoires. Die Italiener verweisen dabei auf ihr Angebot italienischer Designer, etwa Armani, Coccinelle, Furla und Fusaro. Sie arbeiten wie alle größeren Reedereien für die Läden an Bord mit Partnern zusammen, zum Beispiel mit der dank ihrer Flughafenshops bekannten Hamburger Firma Heinemann.

Paradiesische Umsätze

Nummer eins im Reich der maritimen Shoppingtempel ist derzeit (auf einigen Schiffen) die »AIDA Shoppingwelt«, die das gewohnte Angebot an Uhren, Schmuck und Mode sogar mit einer eigenen Kollektion für Bekleidung, Strandmode, Bademäntel und Bettwäsche ergänzt. Das »AIDA Blütenmeer« sorgt nicht nur für den allgemeinen Blumenschmuck an Bord, sondern auch für Individuelles, etwa Rosen zum Hochzeitstag oder gar eine »liebevoll gestaltete Balkonkabine«.

Die Kunstgalerie wird nach amerikanischem Vorbild ebenfalls zum Umsatzträger mit Gemaltem, Gedrucktem und Digitalem. Höhepunkte der Kunstvermittlung sind »Blind Dates«, bei denen Werke unter verhüllendem Tuch versteigert werden.

Nicht zuetzt soll auch der vertraute Bordfotograf mehr als bisher die Kasse füllen: Unterschiedliche »Fotoflats« liefern digitale Urlaubsbilder mit oder ohne Fotobuch und individuellen Fotoshootings. Kameras und Fern-

Aus der Fähren-Idee einer »Straße« im Schiff haben Cruiseliner wie die *Independence of the Seas* Pracht-Promenaden gemacht.

gläser können an Bord gegen Gebühr ausgeliehen werden. Und einzelne Fotos sucht man sich am digitalen Kiosk aus – mithilfe der (zumindest an Land umstrittenen) automatischen Gesichtserkennung. Damit entfallen aber die bisherigen Fotokästen, auf denen man auch seine Mitreisenden begutachten konnte.

Geschätzter Roboter

Für die Pächter der Shops auf weltweit fahrenden Kreuzfahrtschiffen ist die Belieferung mit den richtigen Waren zum richtigen Tag im richtigen Hafen eine Herausforderung. Deshalb hat die zum Bertelsmann-Konzern gehörende Firma Arvato ein passendes System entwickelt, das mit »Künstlicher Intelligenz« Umsatzprognosen für alle Kreuzfahrt-Reviere und Waren im Regal liefert.

Das Spielcasino

Die Würfel sind gefallen

65

Vor Jahren hatte Hapag-Lloyd einmal ein Spielcasino auf seiner *Europa* installiert … ohne großen Anklang. Seither fährt die Flotte der Hamburer Reederei casinofrei um die Welt. Das gilt (bis auf Weiteres) auch für die international positionierte *Europa 2.* Konzernschwester TUI Cruises (mit Royal Caribbean verknüpft) hat hingegen auf einigen ihrer Schiffe Spielcasinos eingerichtet, so zum Beispiel auf der in Rostock beheimateten AIDA-Flotte, die zum weltgrößten Kreuzfahrtkonzern Carnival gehört. In Europa haben auch die großen Schiffe von Costa und MSC (beide aus Italien) Spieltische und -automaten an Bord.

In den USA pflegen alle großen Reedereien tief unten, wo auch zahlreiche Bars versammelt sind, ihre Casinos. Auf den Megaschiffen mit vier- oder fünftausend Passagieren sind die luxuriös dekorierten Spielhallen riesig und mit endlosen Reihen von Spielautomaten bestückt. Eine Phalanx von Tischen dient darüber hinaus den Black-Jack- und Craps-Spielern. Ersteres wird mit Karten, das zweite mit Würfeln gespielt.

Wenn der Pirat Blackbeard geahnt hätte, welche Beute Black-Jack an Bord machen kann …

Die unter Spielern weit verbreitete Ansicht, dass Schiffscasinos geringere Gewinnsummen auszahlen als an Land, haben Kenner der Szene bestätigt. Das tut der Spiellust vor allem der Amerikaner jedoch keinen Abbruch. Sie sehen den möglichen Verlust ihres Einsatzes wie das Bezahlen eines Drinks. An Seetagen wird rund um die Uhr gespielt. Nur die Disney-Schiffe machen eine Ausnahme: Bei Mickey und Minni wird überhaupt nicht gezockt.

Das Hospital

66

Hoffentlich gut versichert

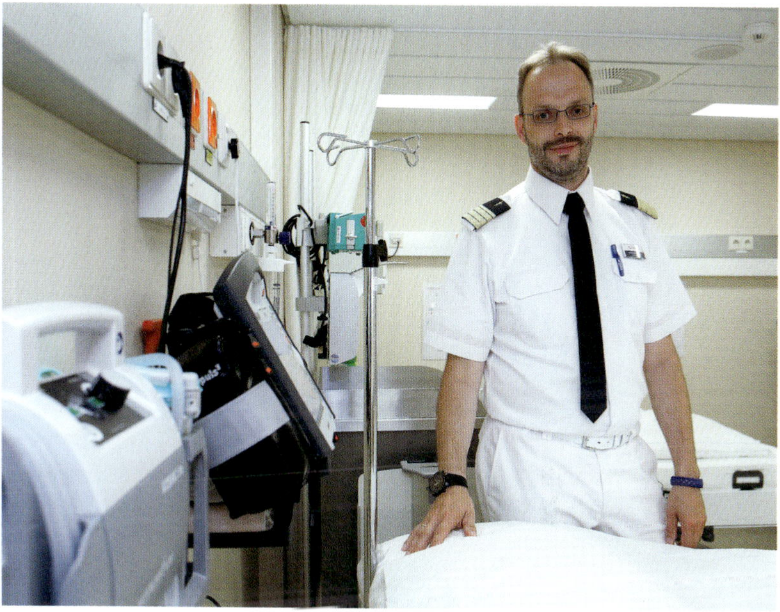

Schiffsarzt Frank Kortenhorn im Bordhospital von *Mein Schiff 5*

Gerüchte verbreiten sich an Bord schneller als der gefürchtete Norovirus. Diesmal hieß es, der neue Schiffsarzt sei ein Gynäkologe – nicht gerade beruhigend für kränkelnde Männer, zumal sich das Gerücht ausnahmsweise sogar als richtig herausstellte. Aber: Der Doktor war auch noch ausgebildeter Notarzt und hatte darüber hinaus eine maritim-medizinische Zusatzausbildung.

Notarzt-Ausbildungen hatten deutsche Bordärzte schon immer, in der Regel empfehlen die erfahrenen Mediziner, die für die Reedereien und den Borddienst ihre Kollegen auswählen, jedoch Hausärzte oder Internisten. Die Zusatzqualifikation für den Einsatz auf hoher See offeriert u. a. die Schiffsarztbörse in Berlin. Sie vermittelt auch Ärzte, beklagt aber, dass es zu wenig Interessenten gebe. Denn der scheinbar angenehme und meist gut dotierte Posten bringt nämlich auch Probleme …

Unattraktive Arbeitsbedingungen

Die Ärzte, gewohnt, souveräne Entscheidungen zu treffen, müssen sich, was Kursänderungen und Ausschiffungen angeht, an Bord dem Kapitän unterordnen. Sie haben zwar gut bis sehr gut ausgestattete Praxen, sind aber bisweilen mit den Hightech-Geräten an Bord nicht vertraut.

Bei lebensbedrohenden Krankheiten wird der Patient in der Regel im nächstgelegenen Krankenhaus eingewiesen. Das ist aber angesichts schlechter medizinischer Versorgung in manchen Entwicklungsländern nicht zu empfehlen – oft hilft dann nur die Telemedizin. Alle größeren Reedereien haben deshalb Kontakte zu Experten in der Heimat. Und noch ein Minuspunkt: Der Bordarzt ist – wie seine Krankenschwester – 24 Stunden abrufbereit. Große Schiffe reisen allerdings mit zwei bis drei Ärzten.

Das Krankenhaus befindet sich meist tief unten im Bauch der Schiffe.

In der Regel behandeln Schiffsärzte überwiegend die auch an Land häufigsten Leiden: Erkältungen, kleine Wunden, Kopfschmerzen (Kater?), Magen- oder Darmbeschwerden. In manchen Fällen muss der Arzt auch operieren; das Schiffshospital ist dafür ausgestattet, seine Apotheke ebenfalls. Der »Doc« behandelt auch alle erkrankten Crew-Mitglieder – kostenlos. Passagiere sind hingegen stets Privatpatienten, also können die Ärzte den bis zu neunfachen Satz abrechnen. Deshalb sollten alle Kreuzfahrer bei Reisen eine entsprechende Reiseversicherung abgeschlossen haben. Dennoch gab es Fälle, in denen die Versicherung wegen zu hoher Arztforderungen nicht gezahlt hat. Und Ärzte, die über US-amerikanische Schiffe klagten, sie seien von Managern angehalten worden, ihr Bordhospital »gewinnbringend« zu führen.

Die Euro-Krankheit

Schiffsärzte berichten vermehrt über eine neue Art von Patienten: Sie erscheinen kurz vor Reiseende, simulieren eine Krankheit und wollen dafür ein Rezept. Sobald sie es haben, verklagen sie damit die Reederei, um so zumindest einen Teil der Reisekosten wieder zurückzubekommen.

Im Todesfall

67

»Operation Rising Star«

Glücklicherweise sind Todesfälle an Bord von Kreuzfahrtschiffen selten.

Jährlich würden rund 50 000 Leichen irgendwo auf der Welt von einem Ort zum anderen geflogen, berichtete die britische Boulevardzeitung *Sun.* Wie viele Gestorbene auf Kreuzfahrtschiffen zumindest bis zum nächsten geeigneten Hafen reisen, ist nicht bekannt (oder wird zumindest nicht veröffentlicht). Aber angesichts der überwiegend älteren Passagiere gibt es einige Todesfälle im Jahr; nahezu jeder Schiffsarzt, der öfter unterwegs war, kann von mindestens einem Exitus berichten. Angesichts der rund 25 Millionen Kreuzfahrer im Jahr sind das aber verschwindend geringe Zahlen, übrigens auch, weil auf Schiffen das medizinische Team sehr schnell zur Stelle ist.

Ist dennoch ein Todesfall zu beklagen, trifft es die Crew nicht unvorbereitet: Jedes Schiff mit mehr als 100 Passagieren muss Leichensäcke *(body bags)* parat haben. Diese werden im gekühlten »Leichenraum« *(morgue)* aufbewahrt. Selbstverständlich muss der Raum getrennt sein von den Kühlräumen für Lebensmittel. Von all dem spricht die Branche für Urlaubsglück verständlicherweise nicht, deshalb werden an Bord Codewörter benutzt, etwa das aus der Luftfahrt für denselben Zweck übernommene »Hugo« (*human gone*, ein Mensch ist gestorben). Möglichst diskret soll im Hafen auch der Transport der Leiche stattfinden. Ein altgedienter Schiffsarzt verriet einen der internen Begriffe hierfür: »kalte Ausschiffung«. Poetischer klingt, was der britische *Daily Telegraph* enthüllte: »Operation Bright Star« (leuchtender Stern) steht für einen medizinischen Notfall, »Operation Rising Star« (aufsteigender Stern) für einen Todesfall.

Seekrankheit

68

Wirksame Mittel an Bord

»An Seekrankheit kann man nicht sterben. Aber mancher, den es schlimm erwischt, wünscht, er könne es in diesem Moment.« Diese Weisheit unbekannter Herkunft gehört zum Standardrepertoire erfahrener Schiffsärzte – ebenso wie der Hinweis, dass man auch im Auto, im Flugzeug und sogar bei Computerspielen »seekrank« werden könne. Aber weil das Leiden wohl so alt ist wie die Menschheit und ihre Flöße oder Einbäume (die ersten Verkehrsmittel, die ihre Fahrgäste extremem Auf und Ab aussetzten), wurde das Wort »seekrank« weithin bekannt.

Historische Beispiele

Womöglich hat die Kranheit manchmal auch den Verlauf der Geschichte mitbestimmt. Der Herzog von Medina-Sidonia etwa, der 1588 die überlegene spanische Armada in die große Seeschlacht gegen England führte, war auf See unerfahren. Er litt überdies unter heftiger Seekrankheit, was zur Niederlage und Vernichtung der Armada führte.

Auch Christoph Kolumbus, Charles Darwin und »Englands größter Seeheld«, Admiral Nelson, sollen immer wieder unter der zermürbenden Übelkeit mit Erbrechen gelitten haben. Nelson (aber auch anderen) wird der Satz zugeschrieben: »Das einzige wirksame Mittel gegen Seekrankheit ist, sich unter einen Baum zu setzen.«

Kommt gar nicht in die Tüte? Der Spruch entstand gewiss nicht auf hoher See.

Heute gibt es gute Medizin gegen das Leiden; Pillen, die man oft gratis an der Schiffsrezeption erhält, oder Pflaster, die man hinter das Ohr klebt, wo sie langsam ihre Wirkstoffe freisetzen. Auch Ingwer hat sich als hilfreich erwiesen. Bislang hilft zwar nichts davon hundertprozentig, doch mit Sicherheit besser als obskure Rezepte wie diese: sich eine gesäuerte japanische Bohne auf den Magen zu kleben, sich auf braunes Papier zu setzen, einen Malachit (ein grüner Edelstein) zu halten. Besonders hilfreich dürfte aber der Schiffbau sein. Die Kreuzfahrt-Giganten schaukeln nur noch selten auf See … und von der Bedeutung der »Flossen« soll später noch die Rede sein (s. S. 180).

Selbst Admiral Nelson musste sich öfter mal »über die Reling« beugen.

Tütologen-Frust

Wenn auf Kreuzfahrtschiffen »Seekrank-Wetter« droht, werden überall »Spucktüten«, vulgo: »Kotzbeutel«, ausgelegt. Diese international »Barf Bags« genannten feuchtigkeitsdichten Tüten sind begehrte Sammlerware. Aber die »Tütologen« werden bei den meisten Reedereien enttäuscht: Es werden fast nur noch neutrale und damit für Sammlungen nahezu wertlose Beutel ohne Aufdruck verteilt.

Geheimcode

69

»Mr. Mob« – Mann über Bord

Jeder Passagier lernt bei der obligatorischen Sicherheitseinweisung vor Reisebeginn das Signal »siebenmal kurz, einmal lang« kennen, zu dem alle Passagiere in Schwimmwesten zu ihrer »Musterstation« zu gehen haben. Aber man hört auch Durchsagen, die für die »Paxe« (Jargon für Passagiere) rätselhaft sind – und auch bleiben sollen. All diese Codes finden sich inzwischen jedoch bereits im Internet.

Manche Reedereien haben eigene Codes. So bedeutet »Alpha«, wie alle Durchsagen zwei- bis dreimal wiederholt, auf Royal-Caribbean-Schiffen »Medizinischer Notfall«. Die Carnival-Schiffe alarmieren mit »Alpha Team« bei einem Feuer an Bord, andere Schiffe mobilisieren ihre Feuerwehr mit dreimaligem »Bravo«, die Disney-Schiffe mit »Red Parties«. Royal Caribbean schickt via »Kilo« die gesamte Crew auf ihre Notfallplätze, »Charly« wiederum ist ein allgemeiner Sicherheitshinweis. »Echo« warnt bei Royal Caribbean vor einer Kollision oder – auf anderen Schiffen – vor starken Böen, etwa für die Pier-Crew, wenn die Gangway ausgefahren ist.

»Code Blue«, auch das schon erwähnte »Bright Star« und bei Celebrity »Star Code«, stehen für medizinische Notfälle. Manche Schiffe benutzen »Delta« für ökologische Gefahren und »Purell« für Reinigungskräfte, meist in Fällen von Erbrechen. Und »Zulu« bedeutet »Prügelei an Bord«.

Viele dieser Codeworte werden über interne Systeme wie Pager verbreitet. Dazu gehört auch »Mr. Mob« für »Man over Board«. Des Öfteren hört man via Bordlautsprecher den anderen Code dafür: dreimal »Oscar«. Dann handelt es sich in der Regel um eine Übung, der die Passagiere gerne zusehen: Eine große Puppe fliegt ins Meer … Dann ticken die Sekunden, bis die Retter mit dem kleinen Schnellboot am Dummy und mit diesem wieder zurück sind.

Das Speedboat wurde speziell für »Person over board"-Fälle entwickelt.

Seemannslieder

70

Bitte mitsingen!

Zugegeben, eine Reise auf einem der Mega-Cruiser mit Tausenden von Passagieren hat mit der traditionellen Seefahrt nicht mehr viel zu tun. Der Eindruck ist eher der eines (Luxus-)Hotels, das seinen Standort wechseln kann. Natürlich ist auch das eine zu respektierende Urlaubsform. Aber manchmal wird selbst auf großen Schiffen noch etwas spürbar von der Magie des Meeres und der Faszination der Seefahrt – beispielsweise wenn, wie auf vielen deutschsprachigen Schiffen üblich, einmal der Crew-Chor auftritt und Seemannslieder singt. Oder wenn, wie es auf der *Europa* Tradition ist, sich die Passagiere zum Abschluss des Galaabends gegen Ende der Reise in der Schiffslobby versammeln und mit dem Bordpianisten Lieder anstimmen. Textsicher sind nicht mehr viele, aber der Entertainment-Manager hat Textblätter ausgelegt.

»Blo-how boys blow for Californio« – das Lied vom Hamborger Veermaster hat wohl jeder Shanty-Chor im Repertoire.

Unterschiedliche Einflüsse

Die Herkunft der Seemannslieder ist vielfältig. Die bekannteste Quelle sind wohl Shantys, die Arbeitslieder der Matrosen auf den Großseglern, wo es galt, schwere körperliche Arbeit gemeinsam und im Rhythmus zu leisten, etwa das Ankerhieven.

Nicht minder vielfältig sind die musikalischen Quellen: Der bekannte, halb plattdeutsche, halb englische »Hamborger Veermaster« hat zum Beispiel ein Kirchenlied zur Vorlage. Aber auch exotische Volksmusik wie das mexikanische »La Paloma«, Schlager wie Lolitas »Seemann, deine Heimat ist das Meer« und Freddy Quinns »Die Gitarre und das Meer« beweisen ihre ungebrochene Vitalität auf zahlreichen Kreuzfahrten. Das gilt nicht zuletzt für den durch das Kino und Hans Albers bekannt gewordenen Walzer »Auf der Reeperbahn nachts um halb eins«. Anno 1975 veröffentlichte Rod Stewart seine Version von »Sailing«, inzwischen ein Evergreen, der schon 1977 vom London Symphony Orchestra aufgenommen wurde. Heute schwenken viele Passagiere ihre Feuerzeuge zur Ballade – gewiss nicht zur Freude der Sicherheitsleute an Bord.

Seemannshandwerk

Fachbegriffe und ihre Bedeutung

71

Bug und Heck? Klar, das kennen alle, gemeint ist vorne und hinten beim Schiff. Der junge Offizier, der einen Vortrag über das Seemanshandwerk hält, ist daran gewöhnt. Doch nun: Backbord und Steuerbord? Die Zahl der Antworten nimmt rapide ab. »Richtig, vom Heck zum Bug gesehen links und rechts. Die jeweiligen Positionslichter sind rot und grün.« Er nennt auch die Eselsbrücke: »Steuern zahlt man von Rechts wegen.«

Festmachen ist der nächste Fachbegriff. »Party veranstalten?« Nein, wieder wissen alle Bescheid: Das Schiff wird nach dem Anlegen an der Pier festgemacht, vertäut. Mit Tauen, würde der Laie sagen. Der Seemann spricht eher vom Tauwerk als Sammelbegriff für Seile und Trossen. Letztere sind das schwere Tauwerk, etwa zum Abschleppen. Leinen nennen die Seeleute die Verbindungsseile zwischen Schiff und Land. Sechs müssen es sein: schräg am Bug nach vorne die Vorleine, nahezu gerade vom Bug ans Land die vordere Brustleine, schräg nach hinten vom Bug die Vorspring. Und vom Heck aus dasselbe noch einmal mit Achterleine (schräg nach hinten), Achtern-Brustleine und Achternspring (schräg nach vorne). Angesichts der fast unterarmdicken Seile hält das, sollte man meinen. Aber im Hafen von Zeebrügge hat eine heftige Böe eines der größten Passagierschiffe der Welt, die *Queen Mary 2*, einmal so erfasst, dass alle vorderen Seile rissen und das riesige Schiff mit dem Bug in den Hafen schnellte.

Im Hafen von Zadar (Dalmatien) stehen die Poller so, dass Brustleine und Bruststpring parallel verlaufen. Die Vorleine vom Bug ragt rechts aus dem Bild.

Letztes Thema: die Flaggen. Kreuzfahrtschiffe führen am Heck immer die Handelsflagge des Landes, in dem sie registriert sind. Das sind oft Staaten, die für die Reeder finanziell attraktiver sind als die eigentliche Heimat, vor allem die Bahamas, Panama, Bermuda und Malta. Diese Heckflagge weht auch am Mast des Schiffes in der Mitte, und zur Seite wird jeweils die Flagge des Landes gehisst, in dessen Hafen man einläuft, sowie die Reedereiflagge und Signalflaggen nach Bedarf. Die häufigste ist der »Blaue Peter«, das Signal für den Buchstaben P, das besagt: Dieses Schiff läuft binnen 24 Stunden aus.

Die Heckflagge zeigt, wo dieses Schiff registriert ist – in Norwegen.

Geschwindigkeit

72 Von Knoten, Seemeilen und Windstärken

Geschwindigkeit war zu fast allen Zeiten ein wichtiges Thema für die Schifffahrt. Auf dem Atlantik stritten die Schiffe um das »Blaue Band« für die schnellste Fahrt zwischen Southampton und New York – bis die Jets die Liner ablösten. Doch die Reeder fanden ein neues Geschäftsmodell: die Kreuzfahrt. Und erstmals war »Speed« nicht mehr so wichtig. Urlaubsdampfer nutzen selten ihre Höchstgeschwindigkeit, meist fahren sie mit einer spritsparenden Reisegeschwindigkeit von 20 bis 22 Knoten.

Knoten, das klingt nach Seefahrt wie Koje und Kombüse, obwohl dieses urmaritime Maß auch in der Luftfahrt und Wetterkunde verwendet wird. Einst waren es wirklich Knoten, die in berechnetem Abstand in einer Leine steckten, die hinter dem Schiff herschwamm. Wenn die Sanduhr abgelaufen war, wurde die Leine eingezogen und ihre Knoten für diese Zeitspanne gezählt. Daraus ergab sich das bis heute gültige Maß: Ein Knoten ist eine

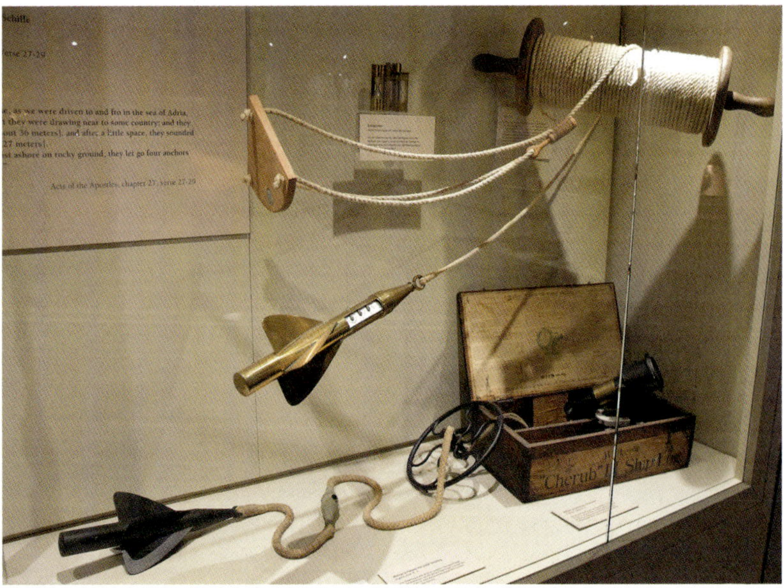

Historische Instrumente zur Geschwindigkeitsmessung von Schiffen

Die *United States*, geehrt mit dem letzten »Blauen Band«

Seemeile pro Stunde. Und eine Seemeile sind 1852 Meter. Heute wird natürlich nicht mehr mit einer Knotenleine, sondern digital gemesen. 22 Knoten entsprechen also gut 40 km/h. Nicht schlecht für diese megaschweren Kolosse, die im Wasser einen höheren Widerstand als in der Luft überwinden müssen, und das womöglich noch bei Gegenwind.

Für die Schiffahrt ist – auch nach den Viermaster-Zeiten – »Wind« ein sehr bedeutsames Stichwort. Hier kommen Sir Francis Beaufort (1774–1857) und die nach im benannte Skala der Windstärken ins Spiel (wobei eine derartige Bemessung des Windes schon lange vor dem Hydrografen der britischen Admiralität bekannt war). Dessen Skala wurde später noch oft verbessert, etwa 1927, als der deutsche Kapitän Peter Petersen die Beaufortskala für die Zeit der Dampfschiffe umformulierte.

Zweimal »Blaues Band«

Mit durchschnittlich 35,59 Knoten jagte die *SS United States* bei ihrer Jungfernfahrt 1952 von New York aus über den Atlantik. Nach drei Tagen, zehn Stunden und 40 Minuten kam sie in Southampton an. Das bedeutete: »Blaues Band« und ein Rekord, der bis heute gilt – ebenso wie der Rekord auf der Rückfahrt, die knapp zwei Stunden länger dauerte: Schade, dass die schnelle Amerikanerin seit Jahren ungenutzt in Philadelphia festliegt.

Die Brücke

Das Revier des Kapitäns

73

Das »Herz« jedes Schiffs ist seine Brücke, das Revier des Kapitäns und seiner nautischen Offiziere. Hier wird das Schiff gesteuert und die Kraft der Maschine reguliert, hier befinden sich die Bildschirme der Radaranlagen, die digitalen Seekarten und Bilder der Kontrollkameras im öffentlichen Bereich des Schiffs. Und hier laufen alle internen und externen Kommunikationswege zusammen.

Auf der Brücke muss immer ein Offizier sein, auch im Hafen. Die Brückenoffiziere gehen jeweils vier Stunden Wache und haben dann acht Stunden frei. Die »Hundswache« von Mitternacht bis vier Uhr ist die unbeliebteste. Neben dem Offizier gibt es noch einen Rudergänger, meist ein erfahrener Matrose, der die Befehle des Kapitäns oder Lotsen umsetzt und dann wiederholt. Im Bedarfsfall können Kapitän oder Staff Captain zusätzliche Leute auf die Brücke beordern, etwa bei dichtem Nebel.

Für den Gesamtüberblick

Die Brücke erstreckt sich über die ganze Breite des Schiffs, an beiden Seiten ragt eine Nock wie ein Balkon über das Schiff hinaus, damit der Schiffsführer etwa beim Anlegen den richtigen Überblick hat. Auf neuen Schiffen sind die Nocks wie Glaskästen in die Brücke integriert. Das Apartment des Kapitäns befindet sich direkt hinter der Brücke.

Für Passagiere ist die Brücke gesperrt, aus Sicherheitsgründen gibt es auf vielen Schiffen keine Brückenführungen mehr. Das gilt auch für die AIDA-Schiffe, die früher teure, aber dennoch gefragte Touren »hinter die Kulissen« inklusive Brücke anboten. Hapag-Lloyd und Phoenix Reisen versuchen aber unverbindlich, nautisch interessierten Passagieren einen Brückenbesuch – etwa an einem Seetag – zu ermöglichen. Amerikanische Schiffe haben oft eine allgemein zugängliche kleine erhöhte Galerie, aus der man durch ein Fenster in einen Teil der Brücke hinuntersieht – wenn nicht die Sicht per Knopfdruck versperrt wird.

Blick auf die Brücke der *Silver Shadow* im Hafen von Hongkong

Navigation (1)

Vom Leuchtfeuer zur Satellitenortung

74

Die Kunst der Navigation, die heute auch Autos und Weltraum-Fahrzeuge sicher ans Ziel bringt, ist ein Kind der Seefahrt. Die ersten Schiffsführer orientierten sich an dem, was sie sahen (das Ufer) und was sie wussten (etwa örtliche Strömungen und Untiefen). Sie erfüllten damit zwei noch heute geltende Bedingungen: die Kenntnis der eigenen Position und das Wissen um die möglichst optimale Route. Die Sichtnavigation wurde bald ergänzt durch Leuchtfeuer und später Leuchttürme, die es erlaubten, weiter entfernt von der Küste und ihren Gefahren zu segeln. Portolane, Handbücher zur Navigation bestimmter Strecken, erleichterten zunehmend die Seefahrt, zumal im 16. Jahrhundert auch einfache Seekarten in die Bücher aufgenommem wurden.

Elmar Mühlebach, einst Kapitän der *Deutschland*, navigiert mit einem Sextanten.

Ein Blick zurück

Zu den ältesten Methoden der Ortsbestimmung auf hoher See gehört – gemeinsam mit der Messung der Schiffsgeschwindigkeit in Knoten – die Orientierung an den Gestirnen. Technische, meist evolutionär verlaufende Erfindungen erleichterten die Entwicklung. Meilensteine waren der Kompass und der Sextant samt Vorläufern wie dem Jakobsstab, die Funk- und schließlich die heute gebräuchliche Satelliten-Navigation. All dies gehört bis heute zur Ausbildung von Schiffsoffizieren, auch für den Fall, dass die modernen Systeme ausfallen. Bei Einladungen auf die Brücke moderner Kreuzfahrtschiffe stellen Passagiere oft erstaunt fest, dass auf den Kartentischen immer noch von Hand und in kurzen Abständen die aktuellen Positionen auf dem zuvor errechneten Kurs eingetragen werden – wie in der Papierversion eines Logbuchs.

Sicherheitsoffizierin Claudia Kempkes auf der Brücke der *MS Deutschland*

Ein Blick nach oben

Zu den größten Seefahrern der Geschichte gehörten neben den Wikingern vor allem die Insulaner der Südsee, nach denen die »Polynesische Navigation« benannt ist. Sie orientierten sich auf ihren epischen Fahrten an den Beobachtungen von Wind, Wolken und Wellengang sowie an den Gestirnen. Die Polynesier beherrschten das sogar, als sie ihr vertrautes südliches Firmament verließen und nördlich des Äquators bis Hawaii segelten.

Offiziere lernen oft noch, mit Karte, Kompass & Co. den Kurs anzulegen.

Navigation (2)

75

Ein Netz aus unsichtbaren Linien

Jeder Punkt auf der Erde hat seine Koordinaten. Das sind die Daten, die Navigationsoffiziere auf ihren Seekarten und im Logbuch eintragen: eine Kombination aus Längen- und Breitengrad. Doch was ist der eine, was der andere? Der Breitengrad (engl. *latitude*) verläuft immer parallel zum Äquator und wird von dort zum Nord- oder Südpol in Grad gemessen, von null am Äquator bis zu 90 Grad Nord oder Süd am Pol. Der Längengrad *(longitude)* verläuft immer durch beide Pole und wird gezählt vom Nullmeridian, der nahe dem Observatorium in Greenwich bei London verläuft. Von dort aus geht es jeweils um 180 Grad nach Ost oder West. Greenwich wurde mit internationaler Vereinbarung 1884 als Ort der Nulllinie bestimmt.

Unsere Zeitzonen

Diese Entscheidung prägt auch auf andere Weise die ganze Welt – nämlich die Uhrzeit rings um den Planeten: Vom Nullmeridian aus ziehen sich die Zeitzonen von Ost nach West; jede Zone markiert eine Stunde Unterschied … zumindest in der Theorie. In der Praxis haben viele Staaten die Zeitzonen manipuliert, das größte Beispiel ist China. Das Riesenreich müsste eigentlich fünf Zeitzonen haben, hat aber nur eine: die jener Zone, in der die Hauptstadt Bejing (Peking) liegt.

Kreuzfahrtschiffe gehen mit dem Wechsel der Zeitzonen lässig um: Die Zeit wird immer nachts umgestellt, unabhängig von der akuten Zone, in

Ramba-Zamba am Äquator

Eine andere imaginäre Linie, die sich um den Globus zieht, ist der Äquator, der mit 40.075,017 Kilometern auch den Erdumfang bestimmt. Auf Cruise Linern hat die »Äquatortaufe« der Frachtschiffe überlebt: Reisende, die erstmals den Äquator überqueren, werden von Neptun mit viel Klamauk »gereinigt«. Der früher oft rüde Brauch ist heute zivilisierter. Vergessen ist seine Herkunft als halbreligiöses Ritual: Portugals Seeleute hatten zu Beginn der Entdeckungsfahrten Angst vor dieser Grenze und brauchten eine Festigung im Glauben.

Die Weltuhr am Berliner Alexanderplatz symbolisiert die Zeitzonen der Erde.

der das Schiff tagsüber unterwegs ist. Spannend wird es an der Datumsgrenze, die theoretisch auf dem 180. Längengrad liegt, also auf dem Globus quasi »gegenüber« vom Nullmeridian. Aber auch hier haben einige Staaten den Verlauf der Datumsgrenze korrigiert, meist aus guten Gründen, etwa zwischen den USA und Russland. Auch im Bereich der Südsee-Inseln hat die »International Date Line« einige Kurven. So kann es passieren, dass man dort bei einer Kreuzfahrt kurz hintereinander vom Heute ins Morgen und zurück reist.

Navigation (3)

76

Wenn neue Inseln entstehen

Die Erde ändert sich ständig und mit ihr auch die Seekarten: Küsten erodieren, Strömungen verändern sich, Fahrrinnen versanden. In Gebieten aktiver Vulkane oder Hebungen wie Senkungen des Meeresbodens können die Änderungen plötzlich und massiv sein: Wo gestern noch freies Fahrwasser war, liegt heute eine neue Insel, wenn manchmal auch nur mit einem kurzen Leben. Europa wurde durch zwei neue Inseln etwas größer: bei den Azoren (1958) und vor Island (1967). Insgesamt entstanden seit 1955 – Sandbänke nicht mitgezählt – 13 Inseln, von denen sieben bereits wieder untergegangen sind. Russische Forscher haben 2019 überdies in der Arktis fünf bislang unbekannte Inseln entdeckt, die zuvor unter Gletschen verborgen waren. Mit dem Klimawandel werden wohl noch weitere Landflecken rund um den Nordpol sichtbar werden.

Bohrinseln sind auf offiziellen Seekarten eingetragen.

Eingriffe des Menschen

Daneben mussten die Seekartenzeichner in den letzten Jahrzehnten zahlreiche »Inseln« von Menschenhand berücksichtigen: »Bohrinseln«, die zum Verdruss der Kartenmacher teilweise auch ihren Standort ändern können, oder Windkraftanlagen, die bisher meist in küstennahen Gewässern entstehen. Bei Kreuzfahrten in der Nordsee kann man beides gut beobachten, vor allem nachts sieht man die Flammen vom Abfackeln der Gase. In der Karibik ist der Golf von Mexiko geradezu gespickt mit Erdöl- und Erdgas-Bohrtürmen. Manche sind mächtige Bauten. Der größte, Troll A, ruht 303 Meter tief auf dem Meeresboden, etwa 65 Kilometer vor der norwegischen Küste bei Bergen. Die Anlage ist insgesamt 472 Meter hoch und wiegt 656 000 Tonnen. 1995 hat sie, nach heutigem Kurs umgerechnet, rund 4,4 Milliarden Euro gekostet. Das eines Tages notwendige Abwracken der ausgedienten Plattform wird weitere Millionen verschlingen.

Privatinseln

77

Profitable Strände

Die Insel-Kollektion der Kreuzfahrtlinien begann mit einer Halbinsel: 1986 mietete Royal Caribbean (RCCL) die Labadie Peninsula in Haiti. Das Gebiet ist abgesperrt, nur Personal und einige Souvenirhändler dürfen es betreten. Bereits 1990 kam Little Stirrup Cay (Bahamas) hinzu und wurde als »Coco Cay« zu einem profitablen Freizeitpark ausgebaut. Auf Lelepa im südpazifischen Vanuatu entsteht die zweite Privatinsel; darüber hinaus errichtet die Reederei auf der Karibikinsel Antigua ihren ersten »Royal Beach Club«.

Die anderen großen Linien besitzen ebenfalls Karibikinseln: Schon 1977 erwarb Norwegian Cruise Line die Bahamas-Insel Great Stirrup, 2016 folgte Harvest Cay vor der Küste von Belize. Princess Cruises öffnete 1992 auf der Südspitze der Bahamas-Insel Eleuthera die Anlage Princess Cays. 1997 erwarb die Holland America Line die Insel Little San Salvador (Bahamas) und nennt sie seither Half Moon Cay. Im selben Jahr bezogen die Disney Cruise Lines die Insel Gora Cay in den Bahamas, nannten sie Castaway Cay und haben dort seither Mickey Mouse, Goofy & Co. für Selfies stationiert. Auch Disney erbaut am Lighthouse Point auf Eleuthera ein Resort für den Landgang mit bis zu 4000 Mitreisenden.

Der Strand von Half Moon Cay auf den Bahamas gehört der Holland America Line.

Alle Inseln und Resorts ermöglichen viel Wassersport, bieten Büfett-Restaurants und Fastfood, Kinderbetreuung und teure Cabanas, Strandhütten mit besonderem Service. Manche Inseln haben eigene Piers, auf anderen werden die Gäste in »Tendern« an Land gebracht. Gezahlt wird hier wie an Bord mit der Schiffskarte. Die Reedereien investieren Millionen und erwarten satte Gewinne. Mit den künstlichen Zielen entlasten sie sich auch etwas von dem Vorwurf, mit ihren Menschenmassen einige Hafenorte touristisch zu überlasten.

Hafeneinfahrten

Bilder, die man nicht vergisst

78

Vielgereiste Kreuzfahrer lieben die Frage: Wo ist die schönste Anfahrt zu einem Hafen? Gemeint sind Einfahrten, die man vom Oberdeck aus genießen sollte, für die es sich auch lohnt, früh aufzustehen. Im Folgenden die »üblichen Verdächtigen« …

Vor Stockholm fährt man durch den »Schärengarten«, ein Labyrinth kleiner Inseln. Auch vor Istanbul bietet sich eine attraktive Zufahrt durch die schmalen Dardanellen und das Marmarameer zum Bosporus. Die griechische Insel Santorin ist ein untergegangener Vulkan, dessen Kranz an einer Stelle durchgebrochen ist; hier gleiten die Schiffe also in das Innere des Vulkans. Und Venedig ist der Schwarm vieler Passagiere, allerdings sollen die für die Fundamente der Stadt schädlichen Cruise Liner bald an ein neues Terminal außerhalb der Lagune verwiesen werden.

Vier Häfen außerhalb Europas

Ganz oben auf der Liste steht natürlich auch die Einfahrt vorbei an der Freiheitsstatue nach New York, vor allem, wenn das Schiff in Manhattan und nicht in New Jersey anlegt. Der »Big Apple« hat aber Konkurrenz im eigenen Land: San Francisco besitzt mit der Golden Gate Bridge ebenfalls eine nationale Ikone – und mit der Gefängnisinsel Alcatraz eines der bestbesuchten Museen des Landes.

Kontinentwechsel: Bei der Fahrt ins australische Sydney schlängeln sich die Schiffe durch die Buchten eines der größten Naturhäfen der Welt, ehe das berühmte Opernhaus sichtbar wird. Und Asiens Spitzenreiter ist Hongkong. Im quirligen Hafen zwischen dem Festland und Hong Kong Island entstand das neue Kai Tak Terminal auf der Runway des früheren, in den Hafen hineinragenden Flughafens.

Wahre Naturerlebnisse

Und dann sind da noch jene Einfahrten, die vor allem wegen ihrer grandiosen Natur in Erinnerung bleiben. In Norwegen sind dazu gleich mehrere Fjorde zu nennen, vor allem aber der Geiranger Fjord mit dem gleichnamigen Dorf an seinem Ende. In Alaska bietet die Inside Passage mit Goldgräberorten wie Ketchikan und Skagway besondere Erlebnisse. Und am Südende Amerikas sind die chilenischen Fjorde mit Puerto Montt als touristischem Hauptort definitiv eine Reise wert.

Amerikas schönstes Hafenportal: die Golden Gate Bridge in San Francisco

Häfen

79 Die größten, schönsten, spektakulärsten

Statistiken sind Momentaufnahmen. Das gilt auch für die boomende Kreuzfahrtbranche und für die Städte Rostock/Warnemünde und Hamburg, die gerne als »Deutschlands größter Kreuzfahrthafen« werben. 2019 ging der Titel an die Ostsee: Warnemünde hatte 906 000 Passagiere, Hamburg 810 000. Kiel lag auf dem dritten Platz (803 000), und Bremerhaven komplettiert mit 260 000 das Quartett der Großen.

In Europa ist – wie schon seit Jahren – Barcelona der Spitzenreiter, gefolgt von Civitavecchia (Rom), Southampton, Palma de Mallorca und Venedig. Weltweit wiederum führen drei Häfen in Florida: Miami mit rund fünf Millionen Reisenden, Port Canaveral, Heimathafen der Disney Cruise Lines, mit mehr als 4,3 Millionen, und Port Everglades in Fort Lauderdale mit rund 3,9 Millionen Passagieren.

Das Zeltdach auf der Hafenmole in Vancouver – Symbol der Weltausstellung 1986

Stimmungsvoll: der Hamburger Hafen samt Elbphilharmonie im Abendlicht

Architektonische Highlights

Rings um die Welt werden – für immer gigantischere Schiffe – die Häfen ausgebaut. Billigbauten inmitten von Containern oder Schrottverladehalden weichen zusehends mit Millionenaufwand erbauten Terminals. Dabei sind zwei Trends zu erkennen: Zum einen errichten international renommierte Architekten richtiggehende Bau-Ikonen, zum anderen sind die neuen Terminals Teil von Komplexen, die für weitere Zwecke genutzt werden. Dass sich beides kombinieren lässt, bewies schon 1986 der zur Weltausstellung in Vancouver errichtete »Canada Place«, dessen Zeltdächer zum Stadtsymbol wurden. Das große Veranstaltungszentrum mit Hotel birgt auch das Cruise Terminal.

Dasselbe Konzept liegt dem eindrucksvollen Shanghai Cruise Center zugrunde, das überdies einen Park am Flussufer geschaffen hat. Das Kai Tak Cruise Centre auf Hongkongs einstiger Flughafen-Runway und das Osanbashi Yokohama Terminal in Japan erhielten auf ihren Dächern ebenfalls einen Park. St. Petersburg in Russland hat neues Land aus der Ostsee geschaffen, auf dem neben dem Cruise Port auch Bürokomplexe, Wohnungen und zwei U-Bahn-Stationen entstehen. Einen ganz anderen Weg gingen Fort Lauderdale und Royal Caribbean, die ein Terminal allein für einige Schiffe der Reederei errichteten … für die größten Cruise Liner der Welt.

Hafen-Abenteuer

80 Inseln ohne Landgang-Garantie

Es ist wohl der einsamste bewohnte Flecken auf unserem Planeten, 5000 Kilometer von Neuseeland und 5400 Kilometer vom Südamerika entfernt. Pitcairn ist ein Fels im Südpazifik, ohne Flughafen, aber mit Hafen. Der bietet gerade Platz für die beiden »Longboats«, längliche Aluminiumboote, die einzige Verbindung zur Außenwelt, wenn – etwa viermal im Jahr – das Versorgungsschiff von Neuseeland kommt. Dann muss alles auf See in die kleinen Boote geladen werden. Oder wenn mal wieder ein Kreuzfahrtschiff für ein paar Stunden ankert. Dann holen die Longboats jene Passagiere ab, die – oft nach einer Verlosung – einen Landgang auf den Fluchtfelsen der *Bounty*-Meuterer machen dürfen. Für die zurückbleibenden Reisegefährten ist aber auch gesorgt: Fast alle Insulaner kommen an Bord, die Erwachsenen verkaufen selbst gemachte Souvenirs und schauen mal beim Schiffsarzt vorbei, und die Kinder toben im Pool oder fahren begeistert Aufzug.

Wer auf die Insel fährt, erlebt ein kleines Abenteuer: Die Longboats brettern so schnell wie möglich auf die schmale Hafeneinfahrt zu, um einen Meeresschwall zu überwinden. Kaum sind sie im Hafen, müssen die Bootsführer ihre Kähne radikal zur Seite steuern, um dann mit stattlichem Speed auf eine Rampe zu donnern. Das schaffen die schiffseigenen Tenderboote nicht. Nur wenn die See draußen – wie oft – zu ruppig ist, müssen alle Passagiere auf ihrem Urlaubskreuzer bleiben.

Vor Pitcairn müssen Besucher auf See in kleine Aluboote umsteigen.

Die Osterinsel (»Rapa Nui«) und Australiens Norfolk Island liegen zwar ähnlich fernab im Pazifik, haben aber regelmäßige Flugverbindungen. Kreuzfahrer können vor beiden Inseln mit den bordeigenen Beibooten in den kleinen Hafen respektive vor Norfolk zu einem der beiden Ladestege tuckern – aber nur, wenn der Pazifik seinem Namen Ehre macht und seine Wellen friedlich wiegt. Sonst bleibt es beim Blick von der Reling hinüber an Land.

Revierfahrten

81

Per Schiff über Land

Kleinere Cruiseliner passen sogar durch die Tower Bridge in London.

»Revierfahrt« nennen Seeleute die Strecke, die sie von ihrem Hafen über Flüsse und Seen bis zum offenen Meer fahren müssen. Für Kreuzfahrer sind diese Abschnitte oft interessant, weil sie zu beiden Seiten die Ufer sehen und manch interessanten Ort passieren. Hamburg und die Unterelbe – rund 100 Kilometer sind es bis zur Nordsee – ist eines der bekanntesten Beispiele. Wenige kleinere Kreuzfahrtschiffe fahren auch auf der Themse bis nach London; für sie wird dann die Tower Bridge hochgeklappt. In Frankreich kann man die windungsreiche Seine bis zum 80 Kilometer entfernten Rouen mit Kreuzfahrtschiffen befahren, an der Atlantikküste sind es (vorbei an einigen der teuersten Weinlagen der Welt) via Gironde und Garonne 115 Kilometer bis Bordeaux. In Spanien schließlich ermöglicht der Guadalquivir die Seereise vom Mittelmeer über 80 Kilometer bis Sevilla.

In Asien fahren Kreuzfahrtschiffe auf dem Saigon River bis in die größte Stadt Vietnams, Ho-Chi-Minh-City (früher: Saigon). Angesichts des Gewusels von Tausenden kleiner Kähne und Schiffchen herrscht zwar auf der Brücke höchste Konzentration, für die Passagiere bietet die Revierfahrt aber ein besonderes Erlebnis. In den USA liegt am Mississippi eines der Kreuzfahrtzentren, New Orleans, rund 160 Flusskilometer vom Golf von Mexiko entfernt. »The Big Easy«, so der Spitzname der Geburtsstätte des Jazz, hat jährlich mehr als eine Million Hochseepassagiere. Die mit weitem Abstand größte Revierfahrt ist der »Seaway« des St. Lorenz-Stroms und der Großen Seen. Rund 3700 Kilometer sind es von der Atlantikküste bis tief hinein nach Kanada und ins Herz der USA, mit Städten wie Montreal, Toronto und Chicago an seinen Ufern.

Kanalpassagen

82

Von einem Meer zum anderen

»Oh wie schön ist Panama.« Das weiß dank Janosch heutzutage jedes Kind. Doch auch für viele Kreuzfahrer ist das schmale Land zwischen Nord- und Südamerika ein Traumziel. Genauer gesagt: Es ist der 1914 eröffnete Panamakanal, rund 82 Kilometer lang, mit drei großen Schleusenanlagen, die Touristen ebenso erfreuen wie die teilweise noch erhaltenen tropischen Wälder an beiden Ufern. Die Kreuzfahrtlinien bemühen sich immer, Permits für Tagesdurchfahrten zu erhalten, um ihren Passagieren dieses Erlebnis zu sichern.

Der zweite große Kanal, der die Umrundung eines Kontinents (oben Südamerika, nun Afrika) erspart, ist der Suezkanal zwischen dem Mittelmeer und dem Roten Meer, der Zufahrt zum Indischen Ozean. Die Wasserstraße durch die ägyptische Wüste wurde 1869 eröffnet. Sie ist heute gut 193 Kilometer lang und hat keine Schleusen. Ein Tunnel und zwei Brücken queren den Kanal, die El-Ferdan-Brücke ist mit 340 Meter Spannweite die größte Drehbrücke der Welt.

»Panamax« heißen alle Schiffe, die gerade noch durch die alten Schleusen des Panamakanals passen (links). Noch enger geht es im Kanal von Korinth zu.

Im Suez-Kanal: viel Sand auf beiden Seiten … und manchmal ein Kamel

Der dritte wichtige Wasserweg ist der Nord-Ostsee-Kanal (international: Kiel-Canal) zwischen diesen beiden Meeren, der mit etwa 100 Kilometer Länge die Wiesen und Weiden von Schleswig-Holstein durchquert. Der meistbefahrene künstliche Seeweg wird jährlich von 30 000 bis 40 000 Schiffen genutzt. An beiden Enden, in Brunsbüttel (Nordsee) und in Kiel (Ostsee), gibt es Schleusen, die aber nur die Gezeiten der Nordsee und den Windstau in der Kieler Förde ausgleichen. In Rendsburg meldet sich eine Schiffsbegrüßungsanlage nach dem Vorbild bei Hamburg.

Nur für kleine Schiffe

Eine Besonderheit ist der 1893 eröffnete, knapp 6,4 Kilometer lange Kanal von Korinth, der die Peloponnes-Halbinsel vom griechischen Festland trennt. Der Kanal ist nur 21 bis 24 Meter breit, schmaler also als viele moderne Schiffe. Deswegen können ihn nur kleine Kreuzfahrtschiffe passieren. Deren Passagiere erleben aber eine Schlucht mit bis zu 79 Meter hohen, steilen Felswänden unmittelbar neben der Reling. Für Technikfans: An beiden Enden des Kanals befinden sich Brücken, die bei einer Schiffspassage bis auf den Kanalboden abgesenkt werden.

Segelschiffe

83

»Hart am Wind« in alle Welt

»En Hamborger Veermaster« für die Ferien? Das lässt sich machen: Die legendäre *Sea Cloud* segelt zwar unter Maltas Flagge, gehörte aber lange einer Hamburger Reederei. Die Viermast-Bark, 1931 als Geschenk eines Superreichen für seine Frau erbaut, hat eine wilde Geschichte – vom Diktatoren-Fluchtvehikel bis zum US-Kriegsschiff – hinter sich. Sie ist mit zwei jüngeren Dreimastern, der *Sea Cloud II* (2001) und der größeren *Sea Cloud Spirit* (2020) eine der zwei führenden Segel-Kreuzfahrtflotten. Die luxuriöse *Sea Cloud* ist mit allen modernen Navigations- und Sicherheitssystemen ausgestattet. Zehn der 32 Doppelkabinen sind wie beim Original von 1931. Und auch die Segel werden immer noch von Hand gesetzt.

Der Wettbewerber Star Clippers aus Monaco (maltesische Flagge) ist mit mehr Masten am Start: *Star Flyer* (1991) und *Star Clipper* (1992) tragen

jeweils vier Masten, der *Royal Clipper* (2000) hat sogar fünf, die allerdings kein Matrose mehr entern muss. Auf allen Schiffen des Unternehmens fahren die Segel motorisiert aus den Rahen und Masten, auch die Segelstellung ist computerisiert. Alle Kreuzfahrtsegler beider Reedereien sind mit je zwei Dieselmotoren bestückt.

Die Großsegler sind bevorzugt im Mittelmeer und in der Karibik im Einsatz, bisweilen kreuzen sie aber auch im Pazifik und im Indischen Ozean. Stabilisatoren hat nur die *Royal Clipper*; laut Sea Cloud Cruises wirken die Segel an den über 50 Meter hohen Masten wie »natürliche Stabilisatoren«. Reisen auf den Windjammern haben sehr persönlichen Charakter, es sind maximal 227 Passagiere *(Royal Clipper)* an Bord.

Neben diesen beiden Flotten gibt es auch noch Schulschiffe, die teilweise zum (bezahlten) Mitreisen einladen. Auch Veranstalter mit kleineren Segeljachten bieten mehrtägige Törns an. Beliebt sind die Motorsegler vor der Küste Kroatiens, die sich auch bei großen Reiseveranstaltern buchen lassen.

Der Fünfmaster *Royal Clipper* (links) und der Viermaster *Sea Cloud* erfüllen Segelträume.

Fähren

84 Jeder Neubau wird luxuriöser

Eine der bekanntesten Fährlinien der Welt ist die norwegische Hurtigruten, deren Schiffe im festen Takt die Häfen nördlich von Bergen anlaufen und Menschen und Waren transportieren. Das Angebot für Touristen war einst eher karg. Das hat sich im Lauf der letzten Jahrzehnte verändert: Norwegen-Besucher wurden geschäftlich immer wichtiger und die einstigen Postschiffe mit jedem Um- oder Neubau Kreuzfahrtschiffen immer ähnlicher. Sie erhielten Swimmingpools, Saunen, Suiten und Vortragssalons. Inzwischen sind Hurtig-Schiffe auf Expeditionsreisen fern von Norwegen unterwegs – an beiden Polen, aber auch in New York oder Südamerika.

Ein zweites Beispiel ist eine 2009 von der griechisch-italienischen Reederei Minoan auf der Strecke Ancona–Patras eingesetzte Fähre, die den neuen Anspruch bereits im Namen trägt: *Cruise Europa*. Erstmals erhielt

ein Schiff der Reederei einen Wellness-Bereich. Ein touristisch besonders attraktives Fährrevier erstreckt sich im Nordwesten Amerikas vor den Küsten von British Columbia (Kanada) und dem US-Staat Alaska. Die Schiffe von BC Ferries (das ein eigenes Reisebüro hat) und dem Alaska Marine Highway treffen sich im kanadischen Prince Rupert.

Hurtigruten hat 2021 Konkurrenz bekommen: Havila Kystruten

Selbst Fährlinien mit relativ kurzen Fahrten wie Kiel–Oslo (20 Stunden) offerieren quasie Mini-Kreuzfahrten mit Hin- und Rückreise inklusive Kabinen und Mahlzeiten. Die täglich wechselnden Show-Programme im Bordtheater sind für alle Fahrgäste gratis. Stattdessen sorgen Spielcasinos und Duty-Free-Geschäfte an Bord für reichlich Umsatz.

Die *Nordlys* (Nordlicht) auf der alten Postroute Bergen–Kirkenes

Frachtschiffe

85 Mit dem Cargo-Dampfer unterwegs

Die *Aranui 5* ist ein kurioses Schiff: Die vordere Hälfte sieht aus wie ein traditionelles Frachtschiff, die hintere ist ein neun Decks hohes Kreuzfahrtschiff mit Balkonkabinen. So eigenartig das wirkt, es ist funktional. Das Schiff versorgt wie seine Vorgänger von Tahiti aus regelmäßig entlegene Inseln Polynesiens; meist reisten früher ein paar Einheimische mit. Das sprach sich unter Globetrottern herum, und als die *Aranui 3* gebaut wurde, wurden gleich bessere Touristenquartiere mit eingebaut. Die *Aranui 5* (2015) ist inzwischen mit 254 Passagieren unterwegs zu den Tuamotus und Marquesas – als eines der letzten Exemplare der früher verbreiteten Gattung »Passagier-Frachtschiff« (Aranui plant auch ein reines Kreuzfahrtschiff).

Die *Aranui 5*, eine Kreuzung zwischen Fracht- und Passagierschiff

Frachter mit Komfort: das Pool-Deck auf der *Aranui 5*

Interessantes Nischendasein

Frachtschiffreisen sind heutzutage ein florierendes Nischenprodukt, das vor allem in Deutschland beliebt ist. Dort sind auch mehrere spezialisierte Agenturen tätig, die auf weltweit etwa 250 Frachter mit Passagierkabinen zurückgreifen können. Einige Agenturen geben auf ihren Websites gute Hinweise für einen Urlaub auf den »Arbeitsschiffen« und ihre vielen Besonderheiten. Sie vermitteln ferner die wenig bekannte »Deviationsversicherung«, die einspringt, wenn das Frachtschiff seine Route ändern muss, um einen erkrankten Passagier an Land zu bringen.

Nord- und Ostsee sowie das Mittelmeer sind beliebte Reviere für Frachtschiffreisen, die Fahrten dauern meist ein bis zwei Wochen. Es gibt auch Touren zu anderen Kontinenten, ein Törn von Deutschland nach Australien dauert in der Regel knapp vier Wochen, je nach der Zahl der Häfen zwischendurch auch deutlich länger. Vor Antritt einer langen Reise sollte man – abgesehen von einer Visite beim Hausarzt – diese Form der Seefahrt auf einem kurzen Trip ausprobieren, beispielsweise ob es einem liegt, seine Kabine selbst sauber zu machen. Falls ja: klar Schiff!

Expeditionsschiffe

86

Auf der Suche nach dem Abenteuer

Die Flotte der Expeditionsschiffe war stets übersichtlich. Einige kleine Kreuzer suchten (und suchen) vornehmlich in Amerika nach Kunden. Die zwei bekanntesten, Lindblad Expeditions und National Geographic, haben sich und ihre Flotten zusammengeschlossen. In Australien kreuzen kleine Expeditionsschiffe vor der Küste im wilden Norden. Und in Deutschland sorgten die *Bremen* und die *Hanseatic* für Abenteuerreisen, aber sonst spielten Expeditionen auf dem Seeweg eine geringe Rolle.

Neues Boom-Segment

Das hat sich in den letzten Jahren völlig geändert. Hapag-Lloyd ließ gleich drei Expeditionsschiffe unter der Dachmarke *Hanseatic* bauen und verkaufte seine beiden Veteranen. National Geographic ist auch mit zwei Neubauten unterwegs zwischen Antarktis und Amazonas, beide mit dem nun offensichtlich angesagten »X-Bow«. Diese Bugkonstruktion ist nach vorne ausgebuchtet und soll die Kraft der Wellen mindern (kann aber auch keine Seekrankheit verhindern). Aurora Expeditions hat 2019 das erste Kreuzfahrtschiff mit diesem Bug, die *Greg Mortimer,* mit 126 Passagieren auf See geschickt.

Der Trend geht bei den rund 20 neuen Expeditionsschiffen, die schon im Wasser oder noch auf dem Reißbrett sind, immer in Richtung »sanfte Abenteuer« mit Luxus an Bord. Oft sind zwei Hubschrauber (was auch schon ältere Schiffe dieser Klasse hatten), ein Mini-U-Boot oder zumindest eine ferngesteuerte Unterwasserkamera an Bord

(»Scenic Eclipse«). Die französische Reederei Ponant, die schon eine kleine Flotte von Expeditionsjachten betreibt, hat auf ihrer *Le Dumont d'Urville* eine Unterwasserbar mit großen Bullaugen eingerichtet.

Die *Crystal Endeavour* und die *Celebrity Flor* sind zwei neue Expeditionskreuzer, die über ihre Reedereien zum größten asiatischen Kreuzfahrtkonzern (Star Cruises) repektive zum amerikanischen Riesen Royal Caribbean gehören. Es scheint ein eindeutiges Zeichen: Luxus-Expeditionsschiffe lohnen sich.

Die Ponant-Linie steuert mit Expeditionsschiffen spezielle Ziele an.

Schlauchboote

Immer im Einsatz

87

»Er hat ein knallrotes Gummiboot«, trällerte Wencke Myhre 1970 und landete einen echten Hit. So erging es wohl auch der französischen Firma Zodiac Nautic, entstanden aus einem Unternehmen der Luftfahrtbranche, das anfangs mit Luftschiffen à la Zeppelin beschäftigt war. In den 1930er-Jahren entwickelte ein Ingenieur, Pierre Debroutelle, für seine Firma ein Gummiboot und landete auch einen echten Hit. Das Konzept übernahmen mehrere Firmen, nachdem Charles Goodyear 1839 die Vulkanisierung von Naturkautschuk erfunden hatte. Zodiac war und ist mit seinen Produkten so erfolgreich, dass der – eigentlich geschützte – Name »Zodiac« zum Gattungsbegriff wurde.

Expeditionsschiffe sind ohne Zodiacs nicht mehr denkbar. Die robusten und dank ihrer Außenbordmotoren schnellen Boote erlauben überall Anlandungen, wo ein Sand- oder Kiesstreifen in Sicht ist. Hapag-Lloyd hat nicht nur seine »Exploration Cruiser« mit den aufblasbaren Geräten ausgestattet, auch auf ihren beiden *Europa*-Luxusschiffen sind sie einsatzbereit, weil es viel Spaß macht, mit einem (eigens ausgebildeten) Zodiac-Kapitän loszubrausen (das kann übrigens genauso mal ein Koch oder Lektor sein). Auch andere große Kreuzfahrtschiffe, etwa die Phoenix-Flotte oder die *Hamburg* von Plantours, nutzen Schlauchboote.

Ohne Schlauchboote (Zodiacs) sind Abenteuer-Törns auf Eis, im Urwald oder auf einsamen Inseln nicht denkbar.

Sie liegen prall aufgeblasen auf einem Deck, das in der Regel für Passagiere nicht zugänglich ist (dass dort manchmal Crew-Mitglieder schmusen, ist natürlich eine Legende). Zum Einsatz werden die Zodiacs mit einem Davit, einem kleinen, schwenkbaren Kran, zu Wasser gelassen. Die Gummiboote sind übrigens fast immer schwarz – und nicht rot.

Beiboote

Tender- und Rettungsboote

Sie hängen an den Seiten der Schiffe: Gemeint sind Rettungs- und Tenderboote. Und worin besteht der Unterschied? Rettungsboote werden nur im Fall einer Katastrophe zu Wasser gelassen, Tenderboote immer dann, wenn das Schiff auf Reede liegt und die Passagiere an Land gebracht werden. Tender müssen allerdings auch als Rettungsboote *(lifeboats)* nutzbar sein und beispielsweise ausreichend Wasser- und Nahrungsvorräte an Bord haben. Sie sind erkennbar an ihrer heute meist üppigen Verglasung, während Rettungsboote stärker geschlossen sind.

Fertigmachen zur Anlandung: Drei Tender hängen schon am Heißhaken.

Tender im XXL-Format

Die Megaschiffe mit 5000 und mehr Passagieren fahren vorzugsweise zu Zielen, bei denen sie anlegen können, weil sonst die Ausschiffung zu lange dauert. Die maritime Industrie hat aber inzwischen auch gut 15 Meter lange XXL-Tender entwickelt, die – mit Sondergenehmigung – mehr als 200 Personen aufnehmen können. Die Beiboote haben überdies zwei Zugänge statt der üblichen Einzeltür, um den Vorgang zu beschleunigen. Eine weitere Neuerung sind Bugstrahlruder an den Tenderbooten, damit sie besser anlegen können.

Auch die Heißhaken wurden verbessert – übrigens ein Wort, mit dem man selbst Seebären unter den Mitreisenden ratlos machen kann. »Heißhaken« – so werden die mächtigen Haken genannt, an denen die Beiboote an den Seilen der Davits hängen und zu Wasser gelassen werden. Wenn die Tender schwimmen, können die Haken vom Führerstand der Tender aus gelöst werden.

Sicherheit

89

Üben für den Ernstfall

»Sicherheit« hat auf Kreuzfahrtschiffen gleich doppelte Bedeutung, was die Lingua franca der Seefahrt, Englisch, deutlich macht: »Safety« meint die maritime Sicherheit, »Security« die Sicherheit, die sich um Verstöße gegen Gesetze und Vorschriften richtet. Von Letzterem soll im nächsten Kapitel die Rede.

Der Safety Officer, meist nur kurz »Safety« genannt, hat in der Regel den Rang eines Zweiten Offiziers und – wie die Mehrzahl der Brückenoffiziere – eine Kapitänslizenz. Er ist meist nicht eingebunden in die Wachen auf der Brücke (sechs Wachen rund um die Uhr), aber auf dem ganzen Schiff unterwegs. Die Passagiere treffen ihn nur bei der obligatorischen Sicherheitseinweisung zu Beginn jeder Reise.

Auf zum »Schwimmwesten-Ballett« – ohne Sicherheitseinweisung keine Kreuzfahrt

Die Aufgaben

Bei der Crew ist der Safety nicht sonderlich beliebt, weil er sie häufig zu einer Sicherheitsübung (»Drill«) ruft. Jedes Crew-Mitglied hat feste Aufgaben im Notfall. Die aufwendigsten Übungen sind der Feuerdrill für die Gruppe, die eine Art Feuerwehr-Schulung und eine entsprechende Ausstattung erhalten hat, und das »Man over Bord«-Programm, bei dem eine Puppe ins Meer geworfen wird und bei laufender Stoppuhr »gerettet« werden muss.

Der Safety kontrolliert auch regelmäßig die Rettungsboote, Notrufanlagen sowie Rauchmelder und Sprinkleranlagen. Alle Crew-Mitglieder müssen wissen, wo in ihrem Bereich die nächsten Feuerlöscher sind. Die Kabinen-Stewardessen und -Stewards sind angehalten, immer wieder zu kontrollieren, ob die Rettungswesten in den Kabinen am rechten Platz liegen – Passagiere dürfen dieses Schrankfach nicht für andere Zwecke nutzen. Das Kabinenpersonal muss auch verbotene Elektrogeräte (Lockenstäbe, Privatföhn und Ähnliches) einsammeln, weil diese Feuer entfachen könnten. Immer mehr Reedereien durchleuchten bei der Einschiffung das Gepäck der Passagiere. Elektrogeräte, die auf dem Index stehen, müssen für die Dauer der Reise dem Safety und seinen Mitarbeitern übergeben werden.

Security

90 Sound-Kanonen gegen Piraten

In Ägypten kam eine Handvoll austrainierter junger Männer mit auffällig großen Taschen an Bord und verschwand unter Deck: Es waren bewaffnete Experten einer privaten Sicherheitsagentur, angeheuert zur Piratenabwehr. Doch damit nicht genug; auch an Bord hatte man schon Vorkehrungen gegen Überfälle getroffen: An der Reling waren Schallkanonen aufgebaut, die kein Angreifer erträgt, wenn die Schalltrichter auf ihn gerichtet sind, und an einem unteren Crew-Deck erschwerte ausgerollter Stacheldraht den Einstieg ins Schiff.

So gerüstet, ging es mit voller Kraft voraus durch das Rote Meer und den Golf von Aden, dann entlang der Südküste von Jemen bis ins friedliche Salalah im Sultanat Oman. Nachts war das Schiff abgedunkelt, die Vorhänge in allen Kabinen blieben geschlossen. Und hinterm Horizont hatte uns ein Kriegsschiff mit startbereiten Kampfhubschraubern auf dem Radarschirm.

Überfälle auf See

Cruise Liner sind wegen ihrer Schnelligkeit und der hohen Bordwände zwar kein leichtes Ziel für Piraten, dennoch gab es bereits mehrfach Attacken, die aber fast alle erfolgreich abgewehrt werden konnten. In einem Fall wurde auf einem italienischen Schiff durch aufmerksame Passagiere spontan bereits die erste Abwehr eingeleitet: Sie warfen den Piraten Stühle auf den Kopf. Eine französische Jacht geriet auf einer Überführungsfahrt ohne Gäste tatsächlich in die Hände somalischer Piraten, der Überfall ging nach Verhandlungen aber glimpflich aus.

Bisher fanden alle Angriffe auf Kreuzfahrtschiffe in den Gewässern in weitem Umkreis um Somalia statt. Insgesamt gelten neben dem Golf von Aden auch Teile der westafrikanischen Küste, das Südchinesische Meer und die Straße von Malakka bei Malaysia als Regionen, in denen Piraten aktiv sind. Doch auch in Norddeutschland haben Spezialkräfte der Polizei und die GSG 9 der Bundespolizei bereits Übungen für den Einsatz auf Cruise Linern geprobt.

Übung gegen Piraten-Attacke vor Somalia (links); Polizeischutz in Bayonne, New Jersey

Verbrechen

91 Mord an Bord?

Erschossen, vergiftet, über Bord gestoßen … ständig gibt es Morde auf Kreuzfahrtschiffen … in Krimis. Für Schreibtischmörder bieten Luxusschiffe eine exotische Kulisse, und wenn ein Autor dazu die *Celebrity Equinox* mit echtem Rasen wählen würde, könnte der Mörder sogar der Gärtner sein …

Im wahren Leben ist Mord an Bord hingegen selten. Immerhin, es hat ihn schon gegeben, wie es ohnehin auf hoher See an Kriminalität nicht mangelt. Das gilt dank 14 Millionen Kreuzfahrern vor allem für die USA. Vergewaltigungen und versuchte Vergewaltigungen sind dabei die häufigsten Delikte – in US-Gewässern geht diesen seit einigen Jahren das FBI nach. Ansonsten gilt auf Schiffen das »Gesetz der Flagge«, die Rechtsnorm des Staates, in dem das Schiff lizensiert ist. Häufig beklagte weitere Delikte sind Diebstahl und Vandalismus.

Ab in die Zelle?

Was aber geschieht mit einem Übeltäter, der fernab von einer Küste gestellt wird? Die Entscheidung liegt beim Kapitän, er hat die Polizeigewalt – und Handschellen im Schrank. Wenn einem gewalttätigen Passagier diese Fesseln angelegt werden sollen, zieht der Käpt'n in der Regel den Schiffsarzt hinzu. Meist bleibt es aber dabei, dass der Deliquent in einer bewachten Kabine (wenn möglich ohne Balkon) festgesetzt wird, bis der nächste Hafen mit Polizeistation erreicht ist. Gefängniszellen gibt es – im Gegensatz zu Leichenkammern – auf Kreuzfahrtschiffen nämlich nicht.

Handschellen gibt es auf jedem Kreuzfahrtschiff, sie werden aber selten gebraucht.

Insgesamt, so die Statistik der amerikanischen Kreuzfahrtbranche, geschehen auf See aber deutlich weniger Vorfälle als an Land. Die gefährlichsten Situationen, in die Passagiere geraten können, betreffen die An- und Abreise sowie den Landgang während der Kreuzfahrt.

Das Wetter

92

Auf See ist alles möglich

An Bord gibt es zwei große Themen: den Bordfunk vulgo »Klatsch« ... und das Wetter, speziell der Wind. Für Kreuzfahrt-Novizen ist der Name vielleicht neu: Beaufort. Seine Skala von null bis zwölf markiert die Windstärken. Bereits ab sechs (starker Wind) bewegt sich der Dampfer in »ziemlich grober See«. Spätestens jetzt werden die Tüten für Übelkeit in die Handläufe in den Gängen gesteckt. Bei zwölf ist Orkanstärke erreicht, mit »gewaltig schwerer See«.

Monsterwelle Kaventsmann

Doch das ist nichts gegen einen Kaventsmann. Diese Monsterwellen mit 30 bis 40 Meter Höhe sind schnell und haben eine gewaltige Zerstörungskraft, mit der sie auch schon große Schiffe zum Untergang gebracht haben. Die *Bremen* von Hapag-Lloyd ist 2001 vor Argentinien fast zugrunde gegangen, nachdem ein Kaventsmann ein Brückenfenster zerstört und der einströmende Atlantik die gesamte Elektrik des Schiffes lahmgelegt hatte. Und was ist dann mit der noch schlimmeren Welle, dem Tsunami? Den merkt man auf See kaum, weil er dort nur eine geringe Wellenhöhe erreicht.

Eisberge, Nebel, Wirbelstürme

Der berühmteste Schiffsuntergang ist zumindest indirekt einem Wettersymptom geschuldet: Eisbergen. Die *Titanic* prallte 1912 auf einen Eisberg und sank. Heute sind Kollisionen mit diesen weißen Riesen eher unwahrscheinlich, dafür sorgt im Nordatlantik die »International Ice Patrol« und am Südpol das amerikanische »National Ice Center«.

Eine andere, viel realere Gefahr ist Nebel. Er führte 1956 vor der US-Insel Nantucket zur Kollision der Passagierschiffe *Stockholm* und *Andrea Doria*, die dadurch sank. Gegen Nebel wird heute wie einst das Nebelhorn (»Typhon«) eingesetzt, zudem gibt es unter Land auch Heulbojen.

Wenn der Wind in den Wanten heult, kann das vor allem in der Karibik der Vorbote eines Wirbelsturms sein. In der dortigen *hurrican season* von Anfang Juni bis Ende November sind die Kaptäne auf dieses Ungemach eingestellt. Und da das National Hurricane Center in Miami stets aktuelle Prognosen für den Weg der Stürme liefert, bleibt für die Skipper Zeit genug, um Ausweichrouten zu nehmen.

Die Werft

93

Attraktion Cruise-Liner-Bau

Mehr als eine Viertelmillion Touristen zieht es jährlich in die Kleinstadt Papenburg an der Ems. Ihr Ziel: die Kreuzfahrtriesen, die dort auf der Meyer Werft entstehen. 1992 errichteten Stadt und Werft deshalb eine Besucherplattform in einer Werkshalle. Sie brachte den weithin unbekannten Ort auf die touristische Landkarte. Aus der Plattform wurde ein Top-Besucherzentrum, das inzwischen auch Reedereien für ihre Werbung nutzen. Wenn Meyer für AIDA ein neues Schiff baut, können die Besucher auch eine Musterkabine des künftigen Ferienkreuzers erproben.

Die Meyer Werft, 1795 gegründet und immer noch im Familienbesitz, ist nach eigener Einschätzung Technologieführer im Kreuzfahrt-Schiffbau. Mehr als 50 Luxusliner haben inzwischen die mächtigen Hallen verlassen. Das Unternehmen hat insgesamt drei Standorte: Papenburg, Rostock (Neptun-Werft) und Turku in Finnland. Und die Auftragsbücher sind prall gefüllt.

Die Konkurrenz

Meyer hat auf dem Weltmarkt nur einen großen Konkurrenten: die italienische Fincantieri-Gruppe mit Konzernzentrale in Triest. Fincantieri entstand 1959, als mehrere Werften des Landes zu einer staatlichen Holding zusammengefasst wurden. Daraus wurde der größte Schiffbaubetrieb Europas. Die Italiener besitzen auch 50 Prozent der Anteile von Chantiers de l'Atlantique (der Atlantik-Werften) in Frankreich, dort ist der französische Staat zweitgrößter Anteilseigner. Der Konzern baut große Kreuzfahrtschiffe an der Mündung der Loire in den Atlantik und an drei Standorten in Italien.

Fincantieri ist neben der Reederei Carnival auch ein Partner der chinesischen Regierung – das Trio will zu einem der weltgrößten Cruise-Liner-Hersteller werden. Denn China könnte, so die Einschätzung von Experten, die USA als größten Kreuzfahrten-Markt der Welt ablösen.

Die größte Schiffbaunation, Südkorea, spielt seit dem Rückzug ihrer STX-Gruppe indes keine führende Rolle auf dem Kreuzfahrt-Markt mehr. Stark wuchs dagegen zeitweise die malayische Genting-Gruppe, die ihren Cruise-Liner-Bau in Hongkong gebündelt hat. Zu dieser Gruppe gehörten auch die MV Werften in Wismar und Rostock, die allerdings

Anfang 2022 Insolvenz anmelden mussten. Ob das damals mit 9500 Passagieren geplante weltgrößte Kreuzfahrtschiff, die *Global Dream* in Wismar, fertiggestellt werden kann, war bei der Insolvenz-Eröffnung noch nicht geklärt.

Die Fincantieri-Werft, einer der drei großen Cruiseship-Erbauer

Der Schiffbau

3-D-Puzzle mit Ozeanriesen

94

Der Bau von Kreuzfahrtschiffen ist ein überaus komplexes Geschäft. Kein Wunder, dass sich japanische und koreanische Firmen nach Versuchen wieder zurückgezogen haben. Drei bis vier Jahre vergehen zwischen den ersten Ideen und dem »Stapellauf«, den es in der alten Form aber nicht mehr gibt.

Eine entscheidende Innovation beim Großschiffbau ist das Zusammenfügen ganzer Blöcke, die außerhalb der Montagehalle gebaut werden – eine Art riesiges 3-D-Puzzle. Das setzt präzise Planung und Logistik voraus. Die konkrete Arbeit beginnt mit dem ersten Stahlschnitt. Die passgenauen Stücke werden später verschweißt, teilweise bestehen sie aus unterschiedlichen Stahlarten. Expeditionsschiffe haben zumindest am Bug dickeren Stahl, um im Eis bestehen zu können. Das Schweißen übernehmen heutzutage Präzisionsroboter, nur 20 Prozent der Nähte werden noch von Hand geschweißt.

Bug eines neuen Kreuzfahrtschiffs der Meyer-Werft in Papenburg

Schiffbau im Meyer-Trockendock – es kann besichtigt werden.

Moderne Technik und Tradition

Die einzelnen Blöcke sind versorgt mit Wasserleitungen und Kabelschächten, künftige Fenster und Türen haben bereits Aussparungen. Auch die Kabinen entstehen außerhalb der Montagehalle, sie werden komplett in die Struktur des Schiffes geschoben – eine Technik, die selbst bei der Verlängerung eines Schiffes genutzt wird. Ein neues, komplettes Mittelteil wird im durchgesägten Rumpf einfach einmontiert.

Die Montage, bei der mächtige Kräne die Blöcke an die richtige Position hieven müssen, beginnt noch traditionell mit der Kiellegung. Nach altem Brauch werden Münzen unter den Kiel gelegt, die später entweder mit dem Schiff verschweißt oder dem Bauherren – gegen Auslösen von Trinkbarem – überreicht werden.

Für das »Aufschwimmen« des Schiffs wird das Trockendock geflutet. Schlepper ziehen den Rohbau an einen Ausrüstungskai. In der Halle beginnt der Bau des nächsten Schiffes. Die Bauzeit beträgt inklusive Ausrüstung bis zu anderthalb Jahre. Danach unternimmt das Team der Werft erste Testfahrten. Einer der Kapitäne der Reederei begleitet den Bau. Wenn die Behörden das Schiff abgenommen haben, geht es in die Verantwortung des Reeders über.

Der Antrieb

Heutzutage möglichst wirtschaftlich

95

Tief unten im Schiffsbauch stampfen mächtige Maschinen, heute meist »Mittelschnellläufer«, Viertakt-Dieselaggregate mit Turboladung und etwa zehn Zylindern. Die bekanntesten Hersteller sind Wärtsilä, MAN, Caterpillar und Sulzer. Beim gebräuchlichen »dieselelektrischen« Verfahren laden die Motoren verschiedene Generatoren für die Schiffsschrauben oder alle elektrischen Anlagen, von der Klimatisierung der überwiegend in warmen Regionen fahrenden Urlaubskreuzer bis zur elektrischen Zahnbürste des Passagiers.

Achtzylinder: Die Dieselmotoren werden zunehmend Gasaggregaten weichen.

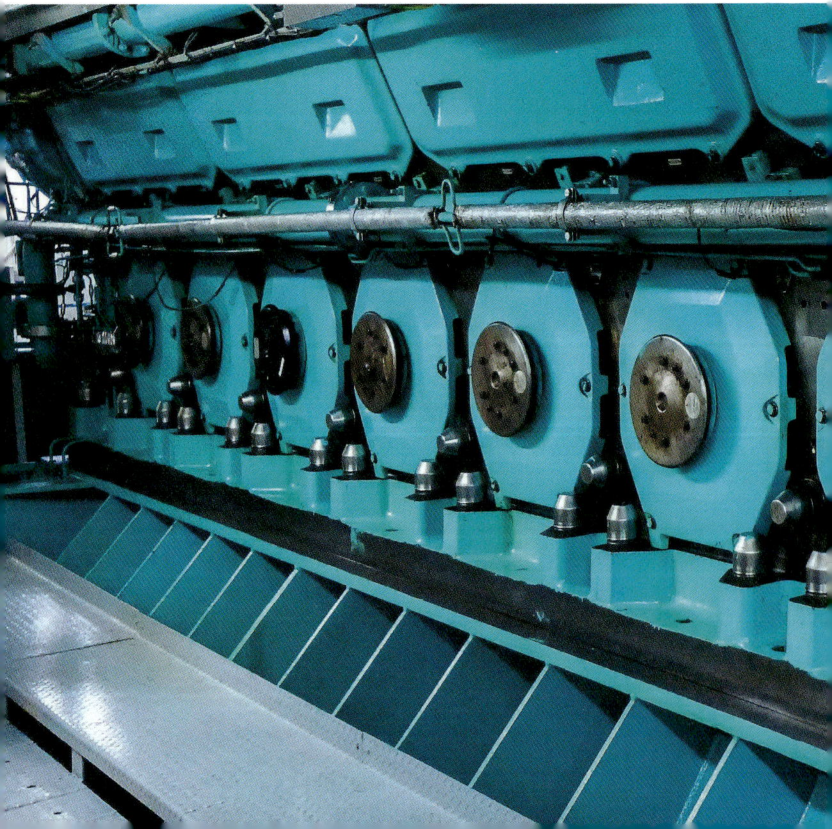

Die Motoren sind mindestens in doppelter Ausführung an Bord, dasselbe gilt für viele Hilfsaggregate wie Pumpen oder Filter. Die Lösung mit unterschiedlichen Generatoren hat den Vorteil, dass einzelne für die Wartung abgeschaltet werden können, der Schiffsbetrieb aber weitergeht. Bei den Motoren rechnet man mit einer Haltbarkeit von mindestens 20 Jahren. Wenn ein Motor ausgetauscht werden muss, ist das sehr aufwendig und teuer, häufig muss dafür die Bordwand aufgeschnitten und danach natürlich auch wieder zugeschweißt werden.

Die *Queen Mary 2* von Cunard hat beispielsweise mit vier Wärtsilä-Motoren eine Gesamtleistung von 86 000 Kilowatt (knapp 117 000 PS). Damit versorgt die »Maschine« rund 4300 Menschen an Bord und kann der *Queen* ein Spitzentempo von 30 Knoten (gut 55 km/h) verschaffen. In der Regel sind moderne Kreuzfahrtschiffe aber mit einer deutlich wirtschaftlicheren Geschwindigkeit, sprich mit etwa 20 bis 22 Knoten (umgerechnet 37 bis 41 km/h) unterwegs.

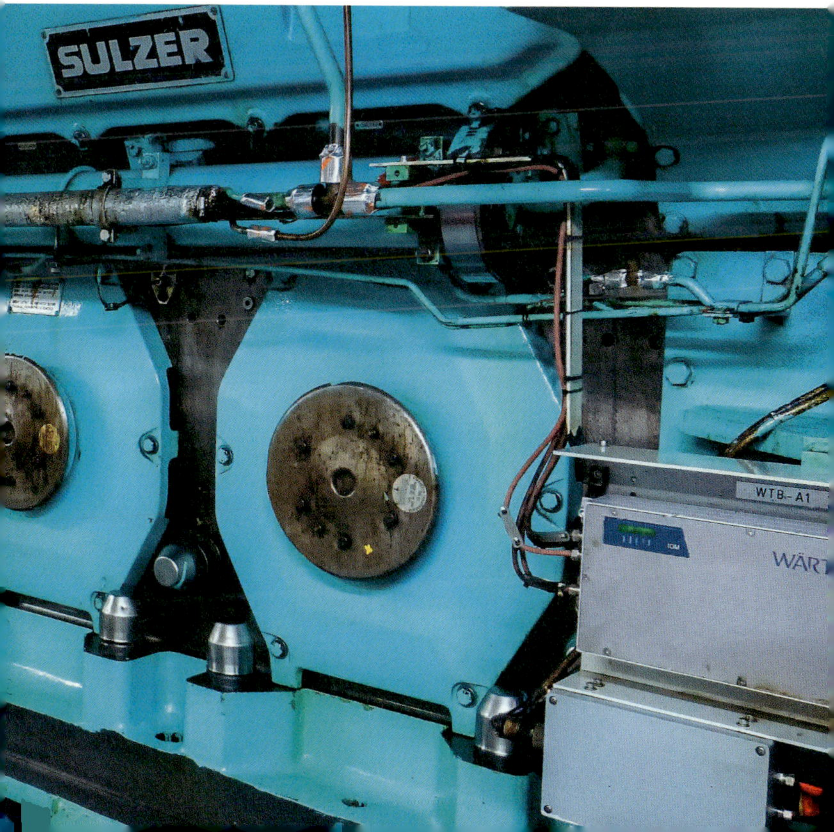

Propeller & Ruder

Beweglichkeit garantiert

96

Früher wurden sie Schiffsschrauben genannt. Dieser technisch unpassende Begriff wird heute durch »Schiffspropeller« ersetzt – und die sind für große Schiffe sehr groß: zehn Meter und mehr im Durchmesser. Eine Firma in Mecklenburg-Vorpommern, MMG, ist Weltmarktführer für große Propeller. Sie sitzen auf der von den Maschinen angetriebenen Welle zwischen Rumpf und Ruder. Die schräg angesetzten Propellerflügel gibt es in vielen Formen, bis hin zu Sicheln. Die Flügel sind an der Oberfläche gewölbt, unten aber glatt. So entsteht im Wasser ein Druckgefälle, das hilft, Schub nach vorne zu geben. Die Propeller werden aus Kupferlegierungen mit anderen Metallen hergestellt.

Einer der bekanntesten Kunden ist die *Queen Mary 2*. Deren Propeller sind allerdings nicht riesig, denn das einst größte Kreuzfahrtschiff der Welt

Auf dem Vorschiff vertäut: Ersatzblätter für die Schrauben der *QM 2*

Azipods heißen die drehbaren »Gondeln«, die Elektromotor und Propeller vereinen.

hat wie eine Reihe anderer Urlaubskreuzer Azipod-Antriebe, das heißt, die Schrauben sitzen an Pods, aerodynamischen Gondeln, in denen Elektromotoren die Propeller antreiben. Diese Pods können um 360 Grad gedreht werden und so als zusätzliche Ruder wirken oder sie gar ersetzen. Das Verfahren gibt dem Schiff eine große Wendigkeit, es kann, wie es einmal ein Kapitän der *Europa* formulierte, »auf einer Untertasse drehen«.

Traditionelle Ruder können bei großen Schiffen zwei bis drei Meter hoch sein. Sie verändern, wenn sie ausgeschwenkt werden, den Kurs des Schiffes seitwärts. Den zuvor errechneten Kurs gibt der Kapitän oder jeweils leitende Offizier auf der Brücke vor, bei Hafeneinfahrten oder auf schwierigen Passagen kann auch der Lotse (engl. *pilot* – im Deutschen steckt dieser Ursprung noch im Wort »peilen«) die Navigation ansagen. Lotsen sind Berater des Kapitäns, der aber in der Regel das Kommando behält (Ausnahme: Panamakanal). Der Rudergänger setzt die Anweisungen der Schiffsführung um, er ist aber nicht zu verwechseln mit dem früher gebräuchlichen Begriff des Steuermanns, der oft ein Offizier war und den richtigen Kurs verantwortete.

Treibstoffe

97

Ende der Dreckschleudern in Sicht

Die meisten Handelsschiffe, auch Kreuzfahrtschiffe, gehören trotz des Abschieds von der Kohle als Antrieb immer noch zu den »Dreckschleudern«, weil sie Schweröl verfeuern, ein Abfallprodukt, das in den Raffinerien bei der Veredlung von Rohöl etwa zu Benzin übrig bleibt. Umweltschützer nennen es den »letzten Dreck«.

Dieses international HFO (Heavy Fuel Oil) genannte Produkt muss vor dem Einsatz gefiltert und auf 70 Grad erhitzt werden, damit es überhaupt flüssig wird. Dennoch ist Schweröl deutlich billiger als Schiffsdiesel.

Auf diesen etwas saubereren Treibstoff müssen Kreuzfahrtschiffe ihren Betrieb umstellen, wenn sie in Regionen, etwa nach Alaska, fahren wollen, wo strikte Gesetze für die Schiffe gelten. Moderne Schiffe haben bereits Maschinen, die verschiedene Treibstoffe verarbeiten können, sie stellen zunehmend auf Diesel im Dauerbetrieb um. Andere Schiffe mit alten Maschinen, die nur HFO verarbeiten, haben teilweise Ruß- und andere Filter eingebaut. Für eine bessere Umweltbilanz der Kreuzfahrtbranche reicht all das aber nicht aus.

Moderne Lösungen

Weil die Reedereien mit Einfahrverboten in manchen Häfen rechnen müssen, wenden sie sich bei Neubauten vermehrt dem Antrieb mit dem Flüssigerdgas LNG zu, das Stickoxide um bis zu 80 und CO_2 um bis zu 20 Prozent verringern kann. Die *AIDA Nova* stieß 2018 als welterstes

Die *AIDA Nova* – das erste Schiff mit »Blauem Engel« für Umwelt-Design

Die *Costa Smeralda* hat drei solcher Tanks für ihren Flüssiggasantrieb.

LNG-Kreuzfahrtschiff in See, alle weiteren AIDA-Schiffe, aber auch andere Reedereien des Carnival-Konzerns sowie Disney oder MSC setzen nun auf Flüssiggas – wie es in der Ostsee auch moderne Fähren von Tallink Silja (Helsinki–Tallin) und Scandlines (Rostock–Gedser) tun.

Einen anderen Weg sucht Hurtigruten. Die Norweger haben zwei neue Expeditionsschiffe mit Hybridtechnik (Diesel- und Elektromotoren) ausgestattet. Als Treibstoff der Zukunft gilt aber Wasserstoff.

Starthilfe mit Diesel

Warum aber haben die neuen Schiffe mit Gasantrieb dennoch Dieseltanks an Bord? Weil die LNG-Motoren von Caterpillar aus technischen Gründen mit Diesel angefahren werden müssen. Erst wenn die Aggregate ein Viertel ihrer Leistung erreicht haben, kann auf hundertprozentigen Flüssiggasbetrieb umgestellt werden.

Schornsteine

Je mehr, desto besser

98

Mit den Dampfmaschinen kamen auch die Schornsteine auf die Schiffe. Sie wurden schnell zu Markenzeichen der Reeder, sei es farblich oder mit Insignien der Eigner. Die Schornsteine wurden immer breiter und höher, auch, um Ruß und Abgase von den Decks fernzuhalten. Zu diesem Zweck erhielt einst die bei deutschen Kreuzfahrern beliebte *Maxim Gorkiy* (2009 in Indien verschrottet) einen Teller über dem Schlot und war so überall erkennbar. Heute fahren noch alle Carnival-Schiffe mit großen roten Flügeln am oberen Ende der Schornsteine.

Eine andere Methode, auf sich aufmerksam zu machen, war die Anzahl der Schornsteine: je mehr, desto eindrucksvoller. Das berühmteste Beispiel war die *Titanic*. Einer ihrer vier Schlote war nur Bluff, doch immerhin konnte sich ein Crew-Mitglied beim Untergang durch die leere Röhre in Sicherheit bringen. Heute dient auf der *Disney Magic* ein Schornstein übrigens als Club für Teenager.

Neue Kunstobjekte

Zunehmend werden die Abluftaufbauten zur Selbstdarstellung weniger wichtig als früher, als der Schiffsrumpf der kohlebefeuerten Dampfer generell schwarz war. Auf hellem Grund hätten Rauch und Asche hässliche Spuren hinterlassen. Nach der Kohle-Ära wurden die Schiffe weiß – bis AIDA ab 1996 seine Schiffe mit einem Kussmund und dem alten Symbol großer Augen versah, ein Werk des Künstlers Feliks Büttner. TUI-Cruises ging 2009 mit hellen Schriften auf dunkelblauem Grund an den Start. Und Schiffe der Norwegian Cruise Line tragen seit 2015 farbenprächtige Unterwassen-Phantasien von Guy Harvey am Bug.

Einer der vier Schornsteine der *Titanic* war ein Bluff.

Spezielle Wünsche

99

Törns für Katzenfreunde & Co.

Ein besonderes Schiff, ungewöhnliche Reiseziele, überraschende Programme … die wundersame Welt der Kreuzfahrt hat auch recht Spezielles zu bieten, vor allem, wenn man die englische Sprache nicht scheut. Hier nur eine Auswahl:

Wer etwa ins arktische oder antarktische Eis möchte und zuvor noch einen Polar-Pullover stricken will, kann mit Craft Cruises weltweit auf Reisen gehen – und immer sind Meister der Strickkunst an Bord.

Pullover sind für die Kunden der Bare Necessity Travel Company nicht das Thema: Das Unternehmen chartert bekannte Schiffe und geht mit Nudisten auf große Fahrt.

Meow Meow Cruise wiederum veranstaltet alljährlich eine Kreuzfahrt für Katzen-Fans, meist in der Karibik. Die vierbeinigen Gefährten dürfen zwar nicht mit an Bord, aber Katzenthemen bestimmen fast jedes Gespräch.

Sonnt sich hier etwa ein vierpfotiger Kreuzfahrt-Passagier beim Landgang?

Eine andere »feline« Reiseform hat sich hingegen nicht so recht durchsetzen können: Cougar Cruises. Cougars sind einerseits Pumas, andererseits nennen Amerikaner so Frauen, die jüngere Sexpartner »jagen«. Eine Alternative wäre vielleicht der jährliche Zen Cruise mit spirituellen Programmen und Yoga.

Die Gothics der Punk-Bewegung kleiden und schminken sich recht schreckenserregend, wenn sie jährlich im Herbst in der Karibik mit Gothic Bands auf ihren Gothic Cruise gehen.

Wer anderen gerne bei der Arbeit zuschaut, ist wiederum richtig auf der *Aurora Explorer*, einem Landungsboot, das die Holzfäller und Fischer an den Inland Waterways von British Columbia (West-Kanada) mit Fracht aller Art beliefert. Ein *working ship*, auf dem sich die Passagiere mehrere Gemeinschaftsduschen teilen.

Schiffstaufe

100

Natürlich mit Champagner

Obwohl sich viel geändert hat, seit Kreuzfahrten zum Massenvergnügen wurden, sind Schiffstaufen immer noch besondere Ereignisse. Sie finden zwar meist nicht mehr in der Werft bei Übergabe des Schiffes statt, sondern mit Marketing-Bohei in einem Hafen. Aber immer noch schleudert die Taufpatin (Paten sind ein schlechtes Omen) eine – bisweilen etwas angeritzte – Champagnerflasche an den Bug (nur in Schottland ist es Whisky). Dabei wünscht sie dem Neubau allzeit gute Fahrt und »immer eine Handbreit Wasser unter dem Kiel«. Zugleich verkündet sie laut den Namen des Schiffes – und zwar einen weiblichen. Immer. Auch wenn es Mozart wäre: »die Mozart«.

Eine englische Tradition

In Großbritannien sind weibliche Schiffe eine alte Tradition, in Deutschland war es nicht immer so. Erst Kaiser Wilhelm II. übernahm diesen britischen Brauch. Warum? Weil Schiffe schön und kurvig sind – und manchmal etwas launisch, sagen die Matrosen. Was allerdings nicht heißt, dass jede Frau ein Schiff taufen darf. Rothaarige sind ein absolutes No-Go, Frauen in einem grünen Kleid ebenso. Und im zerborstenen Flaschenhals muss noch der Korken sitzen. Beides löst dann der Eigner mit Flüssigem aus.

Passieren gravierende Zwischenfälle bei der Taufe, steht kein guter Stern über dem Schiff. Die abergläubigen Seeleute haben dafür auch etliche Beispiele – eines ist die *Titanic.* Sie ging ungetauft auf Jungfernreise … und kam nicht mehr zurück.

Moderne Schiffstaufen vereinen Champagner, Feuerwerk und Lasershow.

Fluss-Kreuzfahrten

101

Ein Blick in die Kristallkugel

Zu guter Letzt folgt hier die »kleine Schwester« der Hochsee-Kreuzfahrt, die Fluss-Kreuzfahrt. Sie gibt es wohl seit 100 Jahren auf dem Rhein, später auch auf der Donau. Die Branche kennt aber eine »Stunde null«: die Eröffnung des Main-Donau-Kanals im Jahr 1992. Zuvor gab es zwei getrennte Rennstrecken: Amsterdam–Basel und Passau–Budapest. Heute kann man von der Nordsee bis zum Schwarzen Meer fahren.

Mit dem Kanal begann auch der Boom. Aus zunächst 140 000 Passagieren wurden rund 500 000 im Jahr, ein Zuwachs, der vornehmlich den Nordamerikanern zu verdanken ist. Früher eine Minderheit unter den Fahrgästen, stellen sie heute 65 Prozent. Die Branchenvereinigung IG Rivercruise beobachtete, dass sich mit den neuen, jüngeren Kunden aus Übersee auch die zuvor als eher betulich bezeichnete Flusskreuzfahrt ändert: besseres kulinarisches Angebot, mehr Entertainment, überall Internet, bessere Schiffe.

Aus gut 50 Schiffen vor 1992 sind mehr als 300 geworden. Die Reeder nutzen die Kanalschleusen-Breite (11,5 Meter) voll aus, die Schiffe werden länger (110 bis 135 Meter). Doch auch die älteren, kleineren Schiffe sind weiter gefragt, auf Nebenstrecken in Europa und im Niedrigpreissektor. Flusskreuzfahrten werden nun jedoch auf allen fünf Kontinenten angeboten.

Bratislava ist ein Höhepunkt aller Donau-Kreuzfahrten.

Die schöne Wachau in Österreich: Anfahrt auf Dürnstein an der Donau

Wohin geht die Reise?

Die IG Rivercruise rechnet mit bis zu 180 Meter langen Schiffen, die sich aber wegen der zu kurzen Anlegestellen teilen lassen. Vom umweltfreundlichen Antrieb bis hin zum vollelektrischen Boot, von der Abwasserreinigung bis zur Müllkomprimierung werden Neuerungen den wachsenden staatlichen Auflagen gerecht. Und natürlich sind kreative Landprogramme gefragt – neben der gewohnten Führung durch Stift Melk an der Donau vielleicht auch ein Abendessen mit Mönchen? Was einem der Blick in die Kristallkugel eben so verrät …

Nova, das lateinische Wort für »neu«, passt gut zum ersten Kreuzfahrtschiff mit Flüssiggas-Antrieb. Vielleicht ist künftig sogar Wasserstoff möglich.

Bildnachweis

commons.wikimedia.org S.: 140: PaterMcFly – Eigenes Werk, CC BY 3.0
Lookphotos S.: 8/9, 42/43, 65, 70, 71, 77, 81, 87, 135, 152: age fotostock; 16/17: Zielske, H.& D.; 30, 31, 33, 39 u., 51, 76, 168/169, 177, 180, 181: Engel & Gielen; 38, 47, 48, 55, 57 u., 64, 79 o., 84/85, 95, 102, 116, 142/143, 144, 145 o., 158, 162: Leue, Holger; 44/45: Saga Photo; 53: Bernhard Limberger; 66/67: Bücker, Stephan; 72, 73, 75, 80, 151: robertharding; 74: Merz, Brigitte; 90, 92/93, 154, 156 l.: Chichester, Page; 99: Strauß, Andreas; 117, 158/159: Superstock; 137: Daniel Schoenen; 145 u.: Blend Images; 147: travelstock44; 153: Thoermer, Val; 160/161: Meinhardt, Olaf; 163: Hemis; 166: Wothe, Konrad; 176: Johaentges, Karl; 185: Design Pics; 186/187: Wohner, Heinz
picture-alliance S.: 10: ullstein bild; 11: dpa; 15 o.: ullstein bild; 15 u.: abaca | Escoffier Florian; 20: Berliner Verlag/Archiv; 27 o.: The Print Collector/Heritage-Images; 36: ZDF und Dirk Bartling; 56: dpa Themendienst | Andrea Warnecke; 94: United Archives; 109: ZB Zentralbild; 110 u.: dpa Themendienst; 118/119: dpa_Senator; 120: picture alliance; 120: Robert B. Fishman; 121: dpa; 131: dpa | Bodo Marks; 132: dpa; 141: ASSOCIATED PRESS; 156 r.: imageBROKER; 161 o.: AA | Burak Akay; 169: Jens Schierenbeck/dpa Themendienst; 183: Bernd Wüstneck/dpa
Shutterstock S.: 7: Artem Pachkovskyi; 13: Everett Collection; 18/19: Matthias Wehnert; 21 o.: zabanski; 21 u.: Yavuz ILDIZ; 22/23: Roberto Sorin; 25: dvoevnore; 26: mark_vyz; 27 u.: Oil and Gas Photographer; 28: Felix Mizioznikov; 29: Ink Drop; 32: O. C. Ritz; 34/35, 63, 178/179: Turn_Mug; 37: Michele Rinaldi; 39 o., 40: shorex.koss; 41: ggw; 42: Ceri Breeze; 49: NAPA; 50, 103, 130: steve estvanik; 52: Lenush; 57 o., 111, 114: Joni Hanebutt; 58/59: Vintagepix; 60: Creative-Material; 61: Danevski; 62: Aleksei Potov; 69: makasana photo; 78/79: EvijaF; 82: Pikoso.kz; 83: Brostock; 86: Volodymyr Goinyk; 89 o.: Ondrej Prosicky; 89 u.: GUDKOV ANDREY; 91: Leith Holtzman; 96/97: Kirill Neiezhmakov; 98: Andre Luiz Moreira; 100: MarlonBundo; 101: …idav; 105, 112/113: Phuong D. Nguyen; 106/107: Nigel Jarvis; 108: mri-… ; 110 o.: ABEMOS; 115: photobeginner; 122: Markus Wissmann; …Lueke; 124: Gorodenkoff; 125: Chinnapong; 126: Pusteflow-…ku; 128/129: ShaunWilkinson; 133: Marharyta M; 134: Mar-… …hmy Redzuan; 138/139: xbrchx; 139 o.: Alessandra Bel-… 149: Ramunas Bruzas; 155: Rihardzz; 157: Simon … Valeriya; 167: Sean Nel; 170: Michele Rinaldi; …: Brian A Jackson; 175: Climber 1959; 182: … 188: rightclickstudios; 189: Tomas Marek;

…ives/TopFoto; 17 o.: UPI

Impressum

Verantwortlich: Susanne Kaufmann
Redaktion: Helga Peterz
Layout: BUCHFLINK Rüdiger Wagner
Umschlaggestaltung: Mathias Frisch
Repro: LUDWIG:Media
Herstellung: Alexander Knoll
Printed in Slovenia by Florjancic

★★★★★

Sind Sie mit diesem Titel zufrieden? Dann würden wir uns über Ihre Weiterempfehlung freuen.
Erzählen Sie es im Freundeskreis, berichten Sie Ihrem Buchhändler oder bewerten Sie bei Ihrem nächsten Onlinekauf. Und wenn Sie Kritik, Korrekturen oder Aktualisierungen haben, freuen wir uns über Ihre Nachricht an Bruckmann Verlag, Postfach 40 02 09, D-80702 München oder per E-Mail an lektorat@verlagshaus.de.

Unser komplettes Programm finden Sie unter www.bruckmann.de

In diesem Buch wird aus Gründen der besseren Lesbarkeit das generische Maskulinum verwendet. Weibliche und anderweitige Geschlechteridentitäten werden dabei ausdrücklich mitgemeint, soweit es für die Aussage erforderlich ist.

Titelbild: Kreuzfahrt in die Karibik am Coral Beach (shutterstock/Romolo Tavani)
Umschlagrückseite: Beeindruckend – die beiden Kreuzfahrtschiffe Splendour of the Seas (link
und Navigator of the Seas (rechts)
Umschlagklappe vorne: (Klaus Viedebantt)
Umschlagklappe hinten: Flusskreuzfahrt auf der Donau (shutterstock/Tomas Marek)

Die Deutsche Nationalbibliothek verzeichnet diese Publikation in der Deutschen N
grafie; detaillierte bibliografische Daten sind im Internet über http://dnb.d-nb.de

ISBN 978-3-7343-1913-6